AF586982

SCIPION,

OU

LE BEAU-PÈRE,

COMÉDIE-VAUDEVILLE EN TROIS ACTES;

PAR M. ROCHEFORT.

REPRÉSENTÉE POUR LA PREMIÈRE FOIS, SUR LE THÉATRE DES VARIÉTÉS, LE 15 DÉCEMBRE 1836.

Qu[illegible] avec [illegible] musique?.. ACTE II. SC. VII.

PARIS,

NOBIS, ÉDITEUR, RUE DU CAIRE, N° 5.

1836.

Personnages.	Acteurs.
SCIPION COURTOIS, ancien militaire. (36 ans.)	MM. FRÉDÉRIC-LEMAÎTRE.
MAGLOIRE, fils de Mme Perrichon.	GABRIEL.
EUGÈNE,	ALEXANDRE.
BALOUFEAU, batelier de La Villette.	DUMOULIN.
GOURDON, vieux tailleur.	PROSPER GOTHI.
UN FAUX SERGENT DE LA LIGNE.	MAYER.
UN PAYSAN DE LA VILLETTE.	GEORGE.
Mme PERRICHON, veuve d'un ancien marchand de bois de La Villette. (55 ans.)	Mmes LECOMTE.
BARBE RICHARD, rosière de La Villette.	FLORE.
ROSINE, jeune marchande de nouveautés, nièce de Gourdon.	GEORGINA.
UNE BONNE.	FLEURY.
BOURGEOIS, BOURGEOISES.	
PAYSANS, PAYSANNES.	
QUATRE SOLDATS DE LA LIGNE.	
MUSICIENS.	

La scène est au 1er acte, à Paris
au second, à La Villette
au 3e, à Paris

J.-R. MÉVREL, passage du Caire, 54.

SCIPION,

COMÉDIE-VAUDEVILLE EN TROIS ACTES.

ACTE I.

Le théâtre représente une chambre avec deux cabinets. Meubles, chaises, une table sur le côté, etc.

SCÈNE I.

EUGÈNE, MAGLOIRE.

(Au lever du rideau, le théâtre est vide; Magloire et Eugène se parlent des deux cabinets, dont les portes sont ouvertes.)

EUGÈNE, dans la coulisse à droite.

Magloire! tu n'as pas pris ma cravate? je ne peux pas la trouver.

MAGLOIRE, dans le cabinet à gauche.

Je ne mets que des cols de crinoline Oudinot.

EUGÈNE, de même.

Ah! la voilà! elle était sous ma robe de chambre moyen âge...

MAGLOIRE, de même.

Eugène?.. est-ce que tu as mes bretelles en gomme élastique?

EUGÈNE, de même.

Je ne me sers que de ceintures.

MAGLOIRE, de même.

Ah! je les tiens!.. elles étaient tombées dans la ruelle du lit.

EUGÈNE.

Es-tu prêt?

MAGLOIRE.

Voilà que j'ai fini de m'habiller...

EUGÈNE, sortant du cabinet.

Et moi aussi!.. J'espère qu'on a un genre...

MAGLOIRE, sortant également.

Voici l'individu!..

EUGÈNE.

Oh! un pantalon de nankin, pour assister à un mariage, mais c'est inconvenant!

MAGLOIRE.

Pourquoi inconvenant?.. le pantalon de nankin est ami de l'homme, il est de toutes les saisons! et puis, qu'est-ce que ça me rapportera d'être bien costumé? je ne suis pas un fashionable comme toi, et le mariage de notre mère est une chose si calamiteuse que ce n'est point la peine de s'embellir à son occasion!

EUGÈNE.

Il est vrai, mon pauvre frère, que nous allons être bien malheureux!

MAGLOIRE.

Une maman de cinquante-cinq ans, se remarier à un homme qui n'a pas pour trois livres dix sous de propriétés, ou de n'importe quoi!.. mais c'est odieux!.. ça ne s'est jamais vu ni d'Eve ni d'Adam!..

EUGÈNE.

Si, malheureusement, ça se voit tous les jours, et quand le cœur d'une femme d'un certain âge se livre à l'amour...

MAGLOIRE.

C'est dix fois pire que le cœur d'une innocente!

AIR : Vaudeville de Turenne.

Dans une maison toute neuve,
Pour éteindre un feu dangereux,
Vingt fois on en a fait l'épreuve,
Il suffit d'un pompier ou deux.
Mais par un sort qui vient de nous atteindre.

Lorsque le feu, décidément,
A pris dans un vieux bâtiment,
C'est bien le diable pour l'éteindre !
Le diable ne pourrait l'éteindre !

Toi, Eugène, tu te tireras encore d'affaire ; notre papa, qui était de son vivant le plus gros marchand de bois de La Villette, t'avait choisi pour son Benjamin : tu étais son chéri, son toutou, il t'a fait éduquer dans les colléges et ta mis dans l'École de droit, tu peux marcher tout seul... mais moi, j'étais garçon de chantier avec papa, j'ai grandi au sein des falourdes et des cotrets, je sais lire comme je danse et si j'ai appris à écrire, c'est à bâtons rompus !..

EUGÈNE.

Oh ! si j'acquiers un jour de la fortune, tu ne manqueras de rien !..

MAGLOIRE, lui serrant la main.

A la bonne heure !.. voilà un frère pour de vrai !.. un ami qui a de l'ame jusqu'au bout des ongles !.. et au fait, si nous ne nous soutenons pas tous les deux, nous sommes bien sûrs de dégringoler dans la débine.

EUGÈNE, avec un soupir.

Ah ! ce qui me tourmente le plus, c'est ma petite Rosine.

MAGLOIRE.

La nièce de cette riche marchande de nouveautés du faubourg Saint-Martin ?

EUGÈNE.

Oui ; tu sais comme elle m'aime... et je tremble à présent que ma mère ne s'oppose à notre mariage !

MAGLOIRE.

C'est comme moi, la grosse Barbe Richard de La Villette... j'en suis amoureux à fendre les pierres... et voilà qu'on est sur le point de la faire rosière... on va l'unir à quelque imbécile de la commune, je voudrais la préférence... Eh ! ben, je parie toutes sortes de choses que, si je parle de ma passion à maman, elle ne voudra pas entendre de cette oreille-là, et qu'elle se bouchera l'autre !

EUGÈNE.

Ah ! quel changement dans notre position ! ce qui me surprend le plus, dans cette union, c'est que ma mère est une femme qui craint beaucoup l'opinion publique ; elle tremble devant un bavardage de commère, elle a peur du ridicule...

MAGLOIRE.

Oui, mais du moment où elle prend un parti, elle ne reviens plus sur ses pas ; rien ne pourra la détacher de cet intrigant qui fait semblant d'être enflammé d'elle et qui dévorera sa fortune jour et nuit.

EUGÈNE.

Qui nous gènera dans nos plaisirs !..

MAGLOIRE.

Qui nous fera manger du miroton toute l'année, et nous fera avaler de la morale tous les jours !..

EUGÈNE.

Moi qui ai des dettes chez mon bottier, chez mon tailleur et autre part... comment ferais-je pour avoir de l'argent ?

MAGLOIRE.

Supporterons-nous ce dur esclavage sans nous plaindre ?..

MAGLOIRE.

Plus souvent !.. je veux me plaindre à ventre déboutonné, moi !.. je veux ameuter tous les voisins contre notre beau-père !.. je lui ferai des farces indignes, je mettrai ensemble toutes mes idées pour trouver des tours étonnans à lui jouer ! enfin je lui rendrai la vie bien embêtante, car je serai toujours à ses trousses.

EUGÈNE.

Et s'il se fache ?..

MAGLOIRE.

Pour lors, je l'insulterai, je le provoquerai !.. et tu te battras avec lui !..

EUGÈNE.

J'allais te le proposer.

MAGLOIRE.

On verra si je recule!..

EUGÈNE.

Ainsi nous sommes bien d'accord pour lutter tous deux contre son autorité?

MAGLOIRE.

Oui, frère!..

EUGÈNE.

Alors, conduisons-nous avec prudence, et voyons-le venir...

MAGLOIRE.

C'est ça, voyons-le venir...

SCIPION, dans la coulisse.

C'est bien, c'est bien, mes bonnes dames...

MAGLOIRE.

Ça ne sera pas long, car je crois que le voilà.

EUGÈNE, remontant le théâtre.

Oui, ma foi, c'est lui! en grande toilette, habit noir, gants blancs etc... Il reçoit les bouquets et les embrassades des dames de la Halle!

SCIPION, toujours dans la coulisse.

Buvez à ma santé!..

EUGÈNE.

A sa santé!

MAGLOIRE.

Il ne se porte déjà que trop bien!

SCIPION, toujours dans la coulisse.

Et à celle de mon estimable épousée!

SCÈNE II.

MAGLOIRE, SCIPION, EUGÈNE.

SCIPION, un gros bouquet à la main.

Excellentes poissardes!.. leurs manières franches et amicales m'ont tout ému!.. oh! oui, ce jour est un beau jour!..

EUGÈNE.

Pour lui, c'est possible!

MAGLOIRE.

Il y a de la cruauté dans ses yeux!

SCIPION, voyant les deux frères.

Ah! messieurs mes beaux-fils, je suis le vôtre.

MAGLOIRE, avec fierté.

Moi, pas!.. (A part.) Attrape!

SCIPION, sans faire attention à Magloire.

Je quitte à l'instant votre adorable mère, nous allons partir pour la municipalité dans une quinzaine de minutes, et je viens savoir, messieurs, si vous êtes prêts à nous escorter...

MAGLOIRE.

Nous sommes prêts si nous voulons, ça ne regarde personne!..

EUGÈNE.

Nous attendrons que ma mère nous donne ses ordres elle-même, monsieur!..

MAGLOIRE, répétant.

Elle-même, monsieur!

SCIPION.

Comme ça vous sera agréable, messieurs mes beaux-fils!.. mais je croyais avoir le droit...

EUGÈNE, avec passion.

Le droit?.. vous n'en avez aucun sur nous, monsieur; votre position ici n'est point encore établie d'une manière bien fixe, et nous en avons une, nous, que nous ne devons jamais oublier...

MAGLOIRE, à part.

Mets ça dans ta poche, et ton mouchoir par-dessus, vilain beau-père!

SCIPION, piqué.

Je vois, M. Eugène, que mon union avec madame Perrichon, n'est pas de votre goût, vous auriez peut-être voulu qu'elle vînt vous demander la permission de se remarier?.. Aujourd'hui, il y a beaucoup d'enfans de bonne maison, qui en sont là avec leurs pères et mères; c'est un perfectionnement dans les mœurs, qui nous conduit tout droit à la suppression de l'hôtel des Invalides, et de tous les cheveux gris en général...

MAGLOIRE.

Eh! bien, oui, monsieur, si on nous avait consultés, nous n'aurions pas donné notre consentement, là!..

SCIPION.

Vous voyez donc, alors, qu'on a bien fait de s'en passer!..

EUGÈNE.

Les volontés de ma mère doivent être sacrées pour nous, mais...

SCIPION.

Mais vous ne vouliez pas qu'elle prît un second mari? je conçois parfaitement vos raisons... Que vous importait en effet que madame votre mère, encore sensible, d'un physique agréable, aimant à causer, n'eût personne à qui parler et faire part de ses sensations... personne qui lui fît un doigt de cour... Il ne vous manquait rien à vous!.. vous buviez, mangiez, dormiez, aimiez, quand ça vous faisait plaisir, sans penser que votre tendre mère se privait de tout!

EUGÈNE.

Monsieur, faites-nous grace de votre morale...

MAGLOIRE.

Elle est monotone, la morale!

SCIPION.

C'est juste, et rien n'est ennuyeux comme un beau-père, surtout quand il n'a pas un sou vaillant, comme j'ai l'honneur d'être; c'est un pique-assiette qui vient manger la portion des autres, et qui ne paie jamais sa part dans le pique-nique.

EUGÈNE, vivement.

Si vous ajoutez que ce pique-assiette (c'est vous qui le qualifiez ainsi)... n'est connu de personne, qu'on ignore d'où il vient, ce qu'il a été, ce qu'il a fait... vous avoûrez qu'on ne peut trop se défier d'un pareil aventurier?

MAGLOIRE, répétant.

Oui, aventurier!..

SCIPION, avec force.

Aventurier?.. le mot est dur, messieurs!.. (Se radoucissant.) Mais, je ne m'en fâche pas... vous voulez savoir qui je suis? c'est assez juste, et je ne demande pas mieux que de vous bavarder mon histoire, d'autant plus que je suis très conteur de ma nature: D'abord, je m'appelle Scipion.

MAGLOIRE.

L'Africain?

SCIPION.

Non, Scipion Courtois; mon père était épicier en détail; il y avait six ans que je gagnais des engelures dans sa boutique, lorsque l'âge de ma conscription arriva: je plantai là le miel de Narbonne, la mélasse et le cacao, pour me faire soldat, ce n'était pas si bête; mon père mourut après avoir mangé son fond, et me laissa le monde entier à conquérir, pour me faire des rentes; après avoir été apprenti maréchal de France, pendant mes huit ans, je rentrai dans mes foyers où il n'y avait plus de feu pour moi: il fallait vivre, je me remis dans la ligne, comme remplaçant; on m'envoya en qualité de caporal dans le royaume d'Alger; mais comme je n'y attrapais que des milliers de piqûres de moustiques, je me glissai inopinément dans la Légion-Etrangère, qui allait prendre don Carlos tout vivant; néanmoins, voyant que ça n'allait pas, et qu'en fait de prisonniers, nous ne prenions en Espagne que la faim, la soif et la misère, je me mis à me dégoûter de la gloire et de ses lauriers: en ce temps, je passai sergent et secrétaire du colonel, ça me forma le style et l'éducation; je m'imaginai de séduire les Biscayennes en pinçant de la guitare sous leurs fenêtres; il y eût une veuve dans Bilbao qui se laissa enlever à l'escalade; j'allais l'épouser, lorsque sa ville fut prise par les carlistes, je n'eus que le temps de me faire administrer une bonne blessure, qui me fit renvoyer à Paris... J'y flânais depuis six mois, quand je rencontrai, un soir, votre excellente mère à l'Ambigu-Comique, elle pleurait sur le sort d'Héloïse et d'Abeillard:

je lui offris d'être l'un si elle voulait être l'autre, nous nous enflammâmes comme le briquet et l'amadou, tout fut décidé en huit jours et nous enlaçons nos deux cœurs ce matin. Voilà, messieurs mes beaux-fils, ma biographie personnelle, si elle vous convient, tant mieux pour vous, mais si elle vous déplait, je suis autorisé à vous dire que je m'en moque supérieurement!..

EUGÈNE.

Vous avoûrez, au moins, monsieur, qu'il n'y a pas trop de quoi se vanter de vous avoir pour beau-père!

MAGLOIRE.

Je crois bien!.. un fils d'épicier!..

SCIPION.

Qu'est-ce à dire, messieurs?.. l'épicier est une des capacités les plus curieuses, les plus indispensables de ce siècle industriel et philantropique!.. par lui, les lumières se propagent, depuis la bougie de deux sous jusqu'au lampion!.. par lui, le sucre et la canelle filtrent dans les derniers rangs de la société... Il est bon père, bon époux, paisible citoyen, il paie ses impôts, sans sommation avec frais, monte sa garde en uniforme, et fait sa faction sans arrière pensée... en un mot, messieurs, après tant de révolutions, si la bonne foi et la vertu étaient bannies de toute la terre, on les retrouverait dans le cœur des épiciers!..

MAGLOIRE.

Ça, c'est une question!..

SCIPION.

Je l'ai lu plus de cent fois dans un journal très connu!..

EUGÈNE.

Il n'en est pas moins vrai que votre mariage nous froisse dans nos intérêts.

MAGLOIRE.

Et qu'il nous aplatit singulièrement.

SCIPION.

Ah! ce n'est pas mon affaire! ça regarde votre maman; car ici, ce n'est pas moi qui épouse, c'est moi qui suis épousé!

EUGÈNE.

Vous êtes bien fat, monsieur?..

SCIPION.

Je l'ai toujours été, et ça m'a toujours réussi!..

EUGÈNE, chaudement.

Nous verrons si cette fois...

SCIPION, riant.

Ne vous emportez pas, jeune homme, nous avons tous besoin de notre gaîté pour la fête qui s'apprête, comme on dit dans les chœurs de l'Opéra-Comique.

MAGLOIRE, à part.

Il a l'air de folâtrer!.. nargue, nargue! tu n'en es pas encore quitte!..

SCIPION.

Ainsi, voilà notre connaissance faite: quand madame votre mère m'aura épousé, je me ferai connaître encore mieux...et j'espère, messieurs, mes beaux-fils, que chacun sera content de sa position... moi, d'abord, je serai content de la mienne.

MAGLOIRE, en colère.

Mais c'est outrageant de nous dire de telles fariboles!.. vous n'êtes qu'un Bédouin!

SCIPION, avec calme.

Allez votre train, mon fils, si les bêtises vous étoufent, continuez de parler.

EUGÈNE, avec énergie.

Ah! c'est trop fort, monsieur, et nous ne souffrirons pas...

SCIPION.

Silence!.. j'entends votre respectable mère.

SCÈNE III.

LES MÊMES, Mme PERRICHON, en toilette de mariée.

Mme PERRICHON, d'un air léger.

Me voilà, mon ami, ma toilette est terminée.

SCIPION, avec un ravissement comique.

Ah! quel effet vous me produisez!..

Mme PERRICHON, avec une grace comique.

AIR : Vaudeville du Premier Prix.

Dans ce jour si beau, je me donne,
Autant de charmes que je peux !
Et je tâche que ma personne,
Soit à la hauteur de tes feux !
Scipion, je suis si jalouse,
De te plaire, d'être à ton goût,
Que je voudrais, quand je t'épouse,
Qu'il ne me manquât rien du tout !

SCIPION.

Vous êtes ravissante!.. vous ressemblez comme cela, à je ne sais pas quoi! Si! si!.. vous me rappelez une Andalouse que j'ai bien aimée quand j'étais en Espagne! une nommée Ambrosina!..

Mme PERRICHON, le regardant en riant.

Ah! mauvais sujet!.. en avez-vous fait des malheureuses!..

SCIPION.

Hélas, oui, j'ai la vanité d'en avoir fait pas mal!.. j'étais très couru...

MAGLOIRE, à part.

C'est ça, fait donc le beau!.. piaffe, piaffe, va!..

Mme PERRICHON.

Mais, en entrant, il m'a semblé qu'on se disputait ici?..(Regardant ses deux fils.) Est-ce que par hasard, on se serait permis?..

SCIPION.

Tout juste, chère amie, on s'est permis de me traiter très cavalièrement.

Mme PERRICHON, avec dureté.

Je voudrais bien voir qu'on osât...

SCIPION.

Je ne sais pas ce que j'ai fait à ces messieurs, mais il est de fait qu'ils m'ont en horreur... ils m'ont même appelé Bédouin!

Mme PERRICHON.

Bédouin?.. quelle énormité!.. quelle insolence!.. Ainsi, messieurs, vous voulez vous faire prendre en grippe par votre mère?.. vous avez résolu de me faire sortir de mon caractère?.. eh bien! j'en sortirai!..

SCIPION, triomphant.

Elle en sortira! nous en sortirons tous les deux!..

EUGÈNE, avec mépris.

Vous savez déjà, monsieur, que ce n'est pas vous que je crains ici... et je vous le prouverai!..

Mme PERRICHON, vivement.

Comment!.. des menaces?.. et en ma présence encore!.. vous n'êtes que des ingrats!.. si je me remarie, si mon cœur s'est laissé reprendre aux douceurs de l'amour, c'est pour vous, méchans enfans que vous êtes!.. j'ai voulu vous donner un protecteur, un appui... et voilà comme vous reconnaissez mes bontés!.. mais c'est odieux!.. je suis la veuve la plus malheureuse de France.

SCIPION.

Et d'Alger!..Tenez, messieurs, voyez l'état où vous la mettez!..ses beaux yeux vont pleurer!..

Mme PERRICHON, s'essuyant rapidement les yeux et avec énergie.

Ne croyez pas que je serai votre esclave!.. non!.. j'en ai assez supporté comme ça!.. Défunt votre père ne m'avait rien apporté que sa personne, tout le bien venait de mon côté, et vous n'avez rien à réclamer, mes petits amis...

MAGLOIRE.

Pardine, nous le savons bien!

Mme PERRICHON.

Je voulais étudier votre conduite, votre caractère, pour savoir ce que j'aurais à faire à votre majorité; mais puisque vous le prenez sur ce ton-là, je déclare qu'aujourd'hui même je reconnaîtrai à mon nouveau mari, par contrat, une somme égale à tout ce que je possède.

SCIPION.

EUGÈNE, à part.

Grand Dieu!..

SCIPION.

La!.. voilà ce que c'est, messieurs, que de faire les mauvaises têtes!.. je suis forcé d'approuver complètement la punition que ma tendre amie vous inflige.

MAGLOIRE.

Mais, maman, vous n'y pensez pas...

Mme PERRICHON.

J'y pense si bien, qu'en sortant de la mairie, je me rendrai chez mon notaire...

SCIPION, aux deux frères.

C'est bien fait!..

Mme PERRICHON.

Cette maison, celle de la Villette, je donne tout!..

SCIPION.

C'est bien fait!..

EUGÈNE, bas à Scipion.

Si vous acceptez, vous n'êtes qu'un lâche!..

SCIPION, bas et avec énergie.

Un lâche!.. petit blanc-bec!.. vous me rendrez compte de ce mot-là!..

EUGÈNE, bas.

Quand vous voudrez!..

SCIPION, à Mme Perrichon avec abandon.

En vérité, chère amie, cette scène m'a bouleversé pour vous; votre douceur naturelle a été forcée de vous quitter... ça me fait une peine atroce!

Mme PERRICHON.

Oh! ce n'est rien! et comme je veux être libre et tranquille chez moi, le reste de ma vie, je vous préviens, messieurs mes fils, que dans huit jours vous partirez pour aller retrouver votre oncle à la Martinique!..

EUGÈNE.

A la Martinique!

SCIPION.

C'est un beau climat!

Mme PERRICHON.

Votre oncle vous a déjà demandés plusieurs fois; il veut vous enrichir.

SCIPION.

Songez donc que c'est le pays des oranges, des patates, des ananas...

MAGLOIRE, vivement.

Et des maringouins! merci!.. j'aime mieux être fendeur de bois, ou marchand de coco, que d'aller à votre Martinique!..

EUGÈNE.

Vous me permettrez aussi, ma mère...

Mme PERRICHON, l'interrompant.

En voilà assez, n'en parlons plus et suivez-nous à la mairie...

EUGÈNE, avec calme.

Ma mère, je n'irai pas.

MAGLOIRE, bas.

Ni moi!.. à la Martinique!

SCIPION.

Alors, messieurs, on se passera de vous, restez...

MAGLOIRE.

Vous nous dites de rester?

SCIPION.

Sans doute!

MAGLOIRE.

Eh bien! j'y vas, pour vous vexer!

Mme PERRICHON.

Mlle Rosine ne m'apporte pas les gants que je lui avais demandés, c'est fort désagréable...

SCIPION, fouillant dans sa poche et lui remettant un papier.

C'en est une paire que j'ai achetée pour vous!..

Mme PERRICHON.

Il pense à tout! ce bon ami!..

SCIPION, avec amabilité.

Cela vous va?

Mme PERRICHON, souriant.

Comme une mitaine!.. Ah! voilà nos témoins et nos invités.

CHOEUR DE PARENS ET D'AMIS.

AIR chœur final du Comédien de Salon.

Pour assister à votre mariage,
Nous accourons, madame, en ces lieux:
Que le bonheur, pour vous, soit sans nuage,
Et que l'amour comble toujours vos vœux.

EUGÈNE, bas à Scipion.

Songez, monsieur, que je vous attends.

SCIPION.

Ici, après la cérémonie.

(Scipion donne la main à sa femme, tous sortent en reprenant le chœur. Eugène reste seul.)

SCÈNE IV.

EUGÈNE, seul, se promenant avec agitation.

Certainement que je l'attendrai!.. nous envoyer dans les colonies!.. mais c'est donc un exil, un bannissement!.. oh! non, ça ne se passera pas comme ça... (Il entre dans son cabinet et en rapporte une boite de pistolets qu'il pose sur une chaise, en les regardant.) S'il me tue, il en portera le blâme toute sa vie!.. si je triomphe, tout ce qui porte un cœur de jeune homme m'excusera et prendra ma défense... Mais Rosine, ma chère Rosine, que deviendra-t-elle?..

SCÈNE V.

EUGÈNE, ROSINE.

ROSINE.

Vous êtes seul, M. Eugène?

EUGÈNE.

Ah! Rosine, c'est vous!..

ROSINE.

Oui, avec les gants que madame votre mère a fait demander à notre magasin.

EUGÈNE.

Elle est partie, sans les attendre.

ROSINE.

Je m'en doutais!.. et je me doutais aussi que vous n'étiez pas avec elle.

EUGÈNE.

Je crois bien! est-ce que je puis voir un mariage comme celui-là?.. un mariage qui détruit mes plus chères espérances, et qui menace de nous séparer pour jamais!

ROSINE.

Qui fait plus que de nous menacer!

EUGÈNE.

Que dites-vous?

ROSINE.

Que le mariage de madame Perrichon fait manquer le nôtre, du côté de ma tante.

EUGÈNE.

Qui! votre tante?..

ROSINE.

Dit que votre beau-père vous enlève tout espoir de fortune, et que votre fortune étant perdue, il ne doit plus être question de votre amour...

EUGÈNE.

Ça ne se comprend pas!..

ROSINE.

Je ne l'ai pas compris non plus... alors elle m'a ordonné de vous éviter, de vous fuir, en me défendant de penser à vous!

AIR : On dit que je suis sans malice

A cette défense alarmante,
Je demande à ma chère tante,
D'apporter les gants que voici;
Et comptant vous trouver ici,
Puisqu'on veut que je vous évite,
J'accours.....

EUGÈNE.

Pour me faire bien vite
Vos adieux?..

ROSINE.

Non, mais pour savoir
Comment nous ferons pour nous voir.

EUGÈNE.

Oui, Rosine, nous nous reverrons encore!.. soyez tranquille ; je prépare un événement qui peut amener bien des choses!

ROSINE.

Quel événement?

EUGÈNE, montrant la boite aux pistolets.

J'ai là de quoi nous protéger...

ROSINE.

O ciel!.. des armes!.. Eugène, vous voulez vous battre? avec votre beau-père, peut-être?..

EUGÈNE.

Que voulez-vous donc que je fasse?.. j'ai des dettes que je n'oserai plus avouer à ma mère... un amour... dont elle ne voudra pas non plus entendre parler!..

ROSINE.

Et croyez-vous l'attendrir en lui tuant son mari?.. voyons, ne nous désespérons pas... peut-être mon oncle Gourdon, en priant bien votre mère et ma tante, pourrait-il obtenir leur consentement?

EUGÈNE.

Mais, Rosine, il y a de nouveaux projets pour mon frère et pour moi!.. et puis votre oncle Gourdon, le tailleur, je lui dois de l'argent!..

ROSINE.

C'est vrai! que les jeunes gens sont malheureux, aujourd'hui!..

EUGÈNE.

Et c'est un créancier qui tient à être payé.

ROSINE.

Mais vous savez qu'il n'est pas méchant.

EUGÈNE.

Je sais qu'il le dit; c'est sa manière de parler.

SCÈNE VI.

LES MÊMES, GOURDON.

GOURDON.

Ah! M. Eugène!..

EUGÈNE, bas à Rosine.

Justement! le voilà, votre oncle!..

GOURDON.

Je suis charmé de vous rencontrer!

EUGÈNE, à part.

Il est charmé, ça ne s'annonce pas mal.

GOURDON.

Tiens! ma nièce Rosine?.. que viens-tu donc faire ici, toi!

ROSINE.

Je viens, mon oncle, pour... parce que... j'ai apporté des gants à Mme Perrichon!

GOURDON.

Ah! ouf, la mariée... je viens de la voir descendre à la municipalité! le futur est, ma foi, très beau cavalier...ça fesait de la peine à tout le monde!

les voisins, et les voisines surtout, disaient que c'était un homme sacrifié; après ça, moi, je répète ce que j'ai entendu... c'est une manière de parler, je ne suis pas méchant!

ROSINE, vivement.

Oh! non, certainement, mon bon oncle!..

EUGÈNE, l'interrompant.

Et qu'est-ce qui me procure donc l'honneur de votre visite, M. Gourdon?

GOURDON.

Voilà: comme je ne vous ai pas aperçu près de votre mère, ça m'a fait penser à vous...

EUGÈNE.

Tant pis!..

GOURDON.

Et par conséquent à certain billet de cinq cent francs qui expire ce matin.

(Il fouille dans un portefeuille.

EUGÈNE.

Ce matin?.. je ne m'en souvenais pas du tout!.. c'est donc pour cela que vous étiez charmé de me rencontrer?..

GOURDON.

C'est une manière de parler, qui ne doit pas vous choquer... car ce billet est le prix de plusieurs fournitures que je vous ai faites pour votre embellissement personnel...je vous ai rendu joli garçon toute une année à crédit.

ROSINE, vivement et en le calmant.

Ce qui ne vous empêchera pas encore, mon oncle, de patienter volontiers.

GOURDON.

C'est ce qui vous trompe, ma nièce... je ne suis pas méchant, mais je patiente très difficilement.

EUGÈNE.

Je vous avoue que je me trouve sans argent, dans ce moment-ci!..

GOURDON.

Mon jeune ami, j'en suis au désespoir!.. je ne sais pas ce que je donnerais pour que vous eussiez de l'argent!..

ROSINE.

Ah! je vous reconnais là!..

GOURDON.

Car vous me mettez dans la position d'un homme qui n'est pas méchant, et qui est forcé de vous poursuivre avec la dernière rigueur.

ROSINE.

Le poursuivre!.. mais c'est infâme!..

GOURDON.

Qu'est-ce qui te dit le contraire?.. hélas!.. mais on vient de m'attacher en qualité de costumier à un théâtre des boulevarts, on y monte une immense pièce militaire... et mon devoir avant tout!

AIR du Calife.

Ce poste important m'électrise,
Fournisseur de chaque soldat,
C'est une très noble entreprise,
Et je vais tailler en plein drap,
Mais pour soigner ma renommée
Et pour fournir la grande armée
D'habits, culottes, pantalons,
Je dois rassembler tous mes fonds,
Oui, j'ai besoin de tous mes fonds.

EUGÈNE.

Vous ne pouvez donc m'accorder au moins quelque temps?

GOURDON.

Oh! ce serait impitoyable et je ne suis pas méchant...

EUGÈNE, l'interrompant et lui prenant la main

Monsieur Gourdon, ce procédé...

GOURDON.

Je vous accorde un quart-d'heure.

EUGÈNE, désappointé

Ah!..

GOURDON.

Si ça vous est agréable!..

EUGÈNE.

N'importe! je prends toujours!.. (A Rosine.) Mon frère me procurera peut-être la somme par un de ses amis.

GOURDON.

Ainsi, M. Eugène, je suis à vous dans la minute...

EUGÈNE.

Dans quinze minutes, vous voulez dire?..

GOURDON.

Oui, oui... c'est une manière de parler!

ROSINE.

Mon bon oncle, ne voulez-vous pas rendre une visite à ma tante? ça lui fera plaisir.

GOURDON.

Ma foi, je veux bien!

ROSINE, bas à Eugène.

Je le retiendrai toute la journée. (Haut.) Adieu, M. Eugène... (Elle regarde les pistolets.) Tâchez qu'il ne se passe rien ici, qui puisse effrayer ceux qui vous aiment! (Elle sort avec Gourdon.)

SCÈNE VII.

EUGÈNE, puis MAGLOIRE.

EUGÈNE.

Non!.. je n'écoute point Rosine, mon projet est bien arrêté... Ah! monsieur mon beau-père, nous saurons jusqu'où va votre courage.

MAGLOIRE, paraissant au fond et s'avançant d'un air solennel.

Eugène!

EUGÈNE.

Ah! c'est toi?.. eh bien! mon ami?..

MAGLOIRE.

Eh bien! mon frère, notre malheur est consommé!.. l'hyménée a reçu son exécution!.. nous pouvons mettre des crêpes à notre chapeau, nous venons de perdre maman... Perrichon!

EUGÈNE.

Et M. Scipion que disait-il?..

MAGLOIRE.

Il riait de joie, le misérable sans cœur!.. et quand il a eu fait sa pataraphe sur le grand livre des infortunes publiques, il s'est mis à se redresser comme un vainqueur!.. il avait onze pieds d'haut!.. on aurait dit qu'il touchait à l'Arche-de-Triomphe de l'Etoile!

EUGÈNE.

Nous verrons s'il soutiendra ce ton insolent, en présence de ces deux pistolets.

MAGLOIRE, les regardant.

Tiens! c'est tout prêt?.. dis donc, où vous battrez-vous?..

EUGÈNE.

Dans le jardin!

MAGLOIRE.

Ah! mon pauvre frère!.. s'il allait te massacrer!..

EUGÈNE.

Eh! qu'importe!..

AIR de La Sentinelle

Tu seras là pour me venger!..

MAGLOIRE.

Ah! pour ça, c'est tout autre chose!..

EUGÈNE.

Pourrais-tu bien te laisser outrager?..

MAGLOIRE.

Oui, mais sais-tu que l'on s'expose?
Je l'avoûrai de bonne foi

Si l'adversaire était en ma présence,
Je crois que je mourrais d'effroi :
Là-dessus je suis sûr de moi,
Tout comme de mon existence !

SCÈNE VIII.

LES MÊMES. SCIPION, en entrant il ferme la porte sur lui.

SCIPION, gaîment.

Mes aimables beaux-fils, me voici à vos ordres !.. mon épouse m'a quitté pour aller chez son notaire, ainsi nous ne serons pas dérangés.

EUGÈNE.

Monsieur, il y a là des armes qui vous attendaient.

SCIPION.

Ah ! ah ! déjà ?.. (Il regarde les pistolets et les prend.) Ces pistolets sont chargés d'avance ?.. ça ne se fait pas, cela, M. Eugène ; il est d'usage qu'on ne les charge que sur le terrain.

EUGÈNE.

Qu'à cela ne tienne, monsieur, il est très facile...

(Il veut prendre les pistolets.)

SCIPION, lui repoussant la main.

C'est inutile, il y a un moyen plus expéditif... (Il appelle.) Magloire ?..

MAGLOIRE.

Eh ben ! quoi ?..

SCIPION, qui s'avance près de la fenêtre.

Venez ici, mon ami, près de cette fenêtre.

MAGLOIRE, à part en s'avançant doucement.

Qu'est-ce qu'il veut donc faire ?

SCIPION.

Voyez-vous, sur la plus haute branche ce pommier, un petit pierrot qui a l'air d'avoir du chagrin ?

MAGLOIRE.

Oui, je le vois, mais je crois que c'est une mésange...

SCIPION.

Nous le vérifierons tout à l'heure... (Il tire son pistolet par la croisée et regarde.) Vous aviez raison, c'est une mésange ; tenez, regardez au pied de l'arbre où elle est tombée, on voit ses plumes blanches...

MAGLOIRE, regardant.

C'est pourtant vrai !.. (Il porte ses yeux avec effroi sur Eugène.)

SCIPION.

Tenez, nous allons la retourner... (Il tire le second pistolet.)

MAGLOIRE.

Touché !.. à la queue !..

SCIPION, remettant les pistolets dans la boite.

Vos pistolets sont assez bons, M. Eugène.

EUGÈNE.

Je vous comprends, monsieur, mais on peut rendre les armes égales.

SCIPION, à part.

Il a du cœur !.. (Haut.) avant tout, vous ne me refuserez pas un mot d'explication ?..

EUGÈNE.

Monsieur...

MAGLOIRE.

Comment donc !.. c'est trop juste !.. quelquefois, c'est en s'expliquant qu'on s'arrange.

SCIPION.

Messieurs, si vous voulez, nous allons nous asseoir ?..

(Eugène et Magloire s'asseyent, Scipion se place au milieu d'eux.)

MAGLOIRE, à part.

Ça va être chaud !..

SCIPION, d'un ton dur.

Messieurs, depuis ce matin, vous vous êtes conduits avec moi d'une manière peu galante, vous m'avez torturé comme une victime, j'ai enduré une multitude de mots très amers.

MAGLOIRE.

Je conviens qu'il y avait un peu de chicotin, allons!..

EUGÈNE, vivement.

Monsieur, est-ce pour entendre vos reproches?..

SCIPION.

Non, monsieur, car je ne vous en ferai pas un seul, j'ai tout oublié; mais si j'ai eu assez d'aplomb pour garder mon calme et me faire un caractère de sévérité jusqu'au mariage, à présent, messieurs, je vais me dévoiler dans toute mon ampleur...

EUGÈNE.

Que voulez-vous dire, monsieur?

SCIPION.

Je veux dire, jeunes ingénus que vous êtes, que votre beau-père Scipion Courtois n'est pas autre chose qu'un farceur...

MAGLOIRE.

Ah! bah!..

SCIPION.

Un bambocheur fini qui n'aurait jamais pu vivre dans l'eau douce du ménage, s'il n'avait pas été sûr de trouver en vous, deux francs amis, deux inséparables pour se plonger avec lui dans la folie jusqu'au cou!

MAGLOIRE.

Je suis abruti d'étonnement!

SCIPION.

Avez-vous imaginé qu'un luron de ma complexion, qui se sent vivre comme il n'est pas possible, allait se renfermer dans son pot-au-feu, ainsi qu'une poule mouillée, et boire du vin ordinaire, ainsi qu'un perruquier? abus, messieurs!..

EUGÈNE.

Mais, monsieur, il n'y a rien de changé pour moi et mon frère dans tout cela?..

SCIPION.

Rien de changé?.. est-ce que je ne serai pas votre Mentor vis-à-vis de la maman? et votre caissier général vis-à-vis de Bacchus et des amours?..

EUGÈNE.

C'est différent!

MAGLOIRE.

C'est prodigieusement différent!.. ça me va très bien, moi, beau-père!..

SCIPION, les prenant sous le bras.

Nous nous entendrons tous trois, nous nous défendrons mutuellement.

MAGLOIRE.

Vous qui tirez si bien le pistolet!

SCIPION.

Ah! ça, ne dites rien à mon épouse!.. c'est une brave femme que nous rendrons heureuse à notre manière... vous voyez que je me livre à vous tout vif!..

EUGÈNE.

C'est le meilleur moyen d'obtenir notre confiance entière!..

SCIPION.

Eh bien! mes enfans, racontez-moi vos petites intrigues amoureuses, s'il y a des obstacles, nous marcherons dessus, si les fils sont trop embrouillés, nous les couperons...

EUGÈNE.

J'aime une jeune marchande de nouveautés du voisinage, qui mourra si je ne l'épouse pas!

SCIPION.

Mourir?.. ça n'aura pas lieu de mon vivant!..

MAGLOIRE.

Moi, une bonne fille, toute franche, de la Villette, avec qui que j'ai joué dans mon enfance... nous avons été élevés ensemble dans un village de la Brie.

SCIPION.

Bon! je vois ça d'ici; bonnet rond, jupon de laine... (A Eugène.) Le nom de la marchande de nouveautés?

EUGÈNE.

Rosine.

SCIPION, à Magloire.

Celui de la paysanne?

MAGLOIRE.

Barbe.

SCIPION.

Son état?

MAGLOIRE.

Rosière, de cette année.

SCIPION.

Rosière!.. vous avez puisé à deux sources bien opposées; vous dans les rosières, et vous dans les modistes.

MAGLOIRE, lui frappant sur le ventre en riant.

C'est ça, papa beau-père!

SCIPION, à Magloire.

Mais la mère, qu'est-ce qu'elle fait?

MAGLOIRE.

Sa profession est d'être infirme depuis six ans..,

SCIPION.

Et quand la couronne-t-on rosière?..

MAGLOIRE.

Demain.

SCIPION.

Diable! il ne nous reste que la nuit pour déranger tous ces plans-là... il faut la mettre à profit...

EUGÈNE.

Mais que dira ma mère?

SCIPION.

Voilà le plus difficile!.. pourtant, c'est bien séduisant de faire mes adieux au célibat par un dernier tour de garnison, qui nous abreuverait tous d'allégresse.

MAGLOIRE.

C'est que maman jettera feu et flamme, si vous disparaissez comme ça, la première fois...

SCIPION.

Parbleu! je le sais bien!.. aussi, il s'agit de la tromper complètement. (A lui-même.) Au fait, j'ai promis de faire le bonheur de ses jours, mais je n'ai pas parlé des nuits!.. (Haut.) Ecoutez! j'ai toujours eu dans la tête un tas de rubriques très audacieuses : voilà le moment de leur donner le jour. Ma respectable épouse est dans l'intention de me garder près d'elle jusqu'à demain...

MAGLOIRE.

Bien sûr!

SCIPION.

Il faut donc nous échapper par ruse!.. Elle a une maison à la Villette?

EUGÈNE.

C'est là que nous sommes nés tous les deux.

SCIPION.

Si je pouvais...

SCÈNE IX.

LES MÊMES, GOURDON.

GOURDON.

Pardon, M. Eugène, mais le quart-d'heure est expiré il y a cinq minutes, et l'on m'attend à mon théâtre.

EUGÈNE.

Ah! mon Dieu! et Rosine qui m'avait promis de le retenir!..

SCIPION.

Quel est ce monsieur?

MAGLOIRE, bas.

M. Gourdon, un créancier de mon frère, son tailleur.

GOURDON, regardant Scipion.

Eh! je ne me trompe pas!.. c'est monsieur le marié?

SCIPION.

Lui-même, monsieur, et qui vous offre sa pratique; mais il paraît que mon fils Eugène est en compte avec vous, combien vous doit-il?

GOURDON.

Cinq cents francs, monsieur, dont le billet ci-joint fait foi.

(Il montre le billet à Scipion.)

SCIPION, le prenant, et fouillant dans son portefeuille dont il tire un billet de banque qu'il donne à Gourdon.

Voilà un billet de banque en échange du vôtre, monsieur.

EUGÈNE, vivement.

Ah! mon beau-père! vous êtes mon sauveur!

SCIPION.

C'est mon rôle de caissier qui commence.

MAGLOIRE, à part.

Gnia pas moyen de ne pas chérir cet homme-là!..

GOURDON, saluant.

Il ne me reste plus qu'à vous souhaiter toutes sortes de joies et de prospérités, monsieur... car je ne suis pas méchant.

(Il fait quelques pas pour sortir.

SCIPION, qui a réfléchi.

Permettez, monsieur... N'avez-vous pas parlé de théâtre, en entrant?

GOURDON.

Oui, monsieur, parce que j'ai l'honneur d'être costumier d'une entreprise dramatique...

SCIPION.

Costumier?.. Monsieur, vous sentez-vous capable de garder un secret?

GOURDON.

Monsieur, je suis aussi discret qu'un sourd-muet de naissance.

SCIPION.

Eh bien! écoutez-moi. (Il lui parle bas.) Parlez-en à mon beau-fils.

(Il indique Magloire. Gourdon lui parle à l'oreille, Scipion parle bas à Eugène.)

MAGLOIRE, qui a écouté.

Parlez-en à mon frère.

(Ils se parlent bas tous les quatre, en chuchottant.)

EUGÈNE.

Allons, M. Gourdon, suivez-moi. (A part.) Je passerai en même temps chez Rosine, pour lui rendre l'espérance.

SCIPION.

Vous, Magloire, allez où nous sommes convenus.

MAGLOIRE.

J'y cours. (Ils sortent.)

SCÈNE X.

SCIPION, puis Mme PERRICHON.

SCIPION, avec gaîté.

Me voilà lancé!.. le drame bouffon ira jusqu'au bout!.. mais ne nous compromettons pas avec la maman!.. il ne faut pas détruire son fanatisme amoureux... elle est douée de vingt mille livres de rentes!.. j'aurai tout!.. elle m'a promis tout!.. c'est une considération superlative! mais c'est égal j'éprouve le besoin de m'amuser... et il faut que ça ait son cours comme le cinq pour cent!

Mme PERRICHON, arrivant par le fond.

Ah! je vous retrouve, mon bon ami? Je sors de chez mon notaire, tous les actes sont signés; il vous seront remis demain.

SCIPION, à part.

Demain! (Haut.) Vous vous êtes bien pressée!..

Mme PERRICHON.

J'ai toute confiance en vous!.. je suis si sûre que vous me rendrez heureuse!

SCIPION.

Oh! oui, vous le serez!.. vous pouvez vous vanter d'avoir fait une bonne affaire en m'épousant!.. J'ai mille qualités que vous ne connaissez pas encore...

Mme PERRICHON, avec abandon.

A propos, cher Scipion, je ne vous ai pas encore fait votre cadeau de noces?..

SCIPION.

Femme excellente!.. vous êtes vous-même le plus précieux de tous, pour mon ame enivrée!.. cependant, je ne serais pas fâché de savoir ce que vous pouvez m'offrir encore?

Mme PERRICHON.

AIR du Partage de la richesse.

Pour mieux vous rappeler sans cesse
Un objet cher et séduisant,
C'est de la plus tendre maîtresse
Que je veux vous faire présent!

SCIPION, parlant.

Présent d'une maîtresse? je ne saisis pas l'amphibologie...

Mme PERRICHON.

Une femme qui ne soupire
Que pour vous... vous seul en secret!

SCIPION, parlant.

C'est drôle!..

Mme PERRICHON.

Ah! n'est-ce pas assez vous dire
Que je vous donne mon portrait. (bis.

(Elle lui offre une miniature dans une petite boîte.

SCIPION, la prenant et la regardant.

Oh! que c'est ressemblant!.. ça parle, ma parole!.. si jamais il me vient dans la pensée de prendre du tabac, je le ferai incruster sur ma tabatière, foi de soldat français! (Il le sert dans son portefeuille.) En attendant, qu'il reste à perpétuité sur mon cœur?

Mme PERRICHON.

C'est bien!.. vous êtes un homme enchanteur!.. Scipion?

SCIPION.

Mon épouse?..

Mme PERRICHON.

Donnez-moi la main; mes amis nous attendent, il faut aller les rejoindre pour nous asseoir au banquet...

SCIPION.

Les voilà qui viennent nous chercher...

SCÈNE XI.

LES MÊMES, MAGLOIRE, EUGÈNE, TOUS LES INVITÉS.

CHOEUR.

AIR : Vive le vin, l'amour et le tabac.

Vivent l'hymen, la joie et le plaisir!
Ici, l'on peut choisir,
Car on a su les réunir!
A ce banquet l'amour est invité;
Amis de la gaîté
Nous boirons tous à sa santé!
Amis! (bis.) Célébrons la gaîté!

(Tout le monde va saluer Mme Perrichon et lui parle bas.

EUGÈNE, sur le devant de la scène, à mi-voix à Scipion.

Ce que vous avez dit est fait.

SCIPION, de même.

A merveille!

MAGLOIRE, de même.

Ce que vous avez demandé est retenu.

SCIPION, de même.

Ça suffit!.. silence! (A la société.) Mesdames, si avant dîner, nous pincions une petite contredanse, ça nous servirait d'absinthe.

TOUS.

Oui, oui, dansons. (On forme les quadrilles; au milieu de la contredanse, une bonne vient auprès de Mme Perrichon.)

LA BONNE, effrayée.

Madame, voilà la garde!

Mme PÉRICHON.

La garde!

TOUS.

La garde!

LA BONNE.

La voici! (Quatre soldats escortés d'un sergent, paraissent à la porte du fond Tout le monde parait effrayé.)

SCÈNE XII.

LES MÊMES; LE SERGENT, QUATRE SOLDATS.

LE SERGENT.

N'est-ce pas ici la demeure du sieur Scipion Courtois, ancien militaire?

SCIPION, avec énergie.

Oui, monsieur! que lui voulez-vous?

LE SERGENT.

Nous venons l'arrêter...

Mme PERRICHON et TOUS LES INVITÉS.

L'arrêter!

LE SERGENT.

Comme déserteur!

Mme PERRICHON.

Ah! grands Dieux! lui, déserteur!..

SCIPION.

C'est une méprise, chère amie, un quiproquo!

LE SERGENT.

C'est possible, monsieur, mais il faut obéir!..

Mme PERRICHON.

Obéir!.. quoi, vous auriez le courage d'arracher un mari à sa femme!.. le jour de ses noces!..

SCIPION.

C'est une infamie!..

Mme PERRICHON.

Quand il vous déclare lui-même, que c'est une erreur...

LE SERGENT.

Il s'expliquera là-bas!..

Mme PERRICHON.

Je vous en supplie, monsieur le sergent, ne m'arrachez pas mon époux!

LE SERGENT.

Allons, il faut nous suivre!

TOUS LES INVITÉS.

Nous ne le souffrirons pas.

Mme PERRICHON.

Eh bien! vous m'emmènerez avec lui!..

SCIPION.

Messieurs et mesdames, du calme. (A Mme Périchon.) Arrêtez, chère amie, votre dévouement nous mènerait trop loin!.. Monsieur le sergent, j'ai été militaire, je me soumets à la loi... marchons!..

Mme PERRICHON et TOUS LES INVITÉS.

AIR : Voici l'instant du mariage.

Ah! se peut-il! on me/nous l'enlève
Quel triste sort! en ce jour mon/son malheur s'achève!
Pour lui plus d'espoir de retour!
On le ravit à mon/son amour!

(Magloire et Eugène suivent Scipion emmené par les soldats, Mme Perrichon s'évanouit sur un fauteuil, tout le monde l'entoure.)

ACTE II.

Le théâtre représente une petite place de La Villette ; à gauche, une jolie maison aux fenêtres praticables ; devant la maison, une espèce de pavillon y attenant, avec des rideaux qui s'ouvrent en face du public. (LE DUEL ET LE DÉJEUNER.) En face de cette maison, on en voit une autre plus pauvre, il y a aussi une fenêtre praticable ; un arbre est auprès, d'autres arbres sont au fond.

SCÈNE I.

(Il est sept heures du soir, il fait encore jour.)

SCIPION, EUGÈNE, MAGLOIRE, suivis de plusieurs MUSICIENS, et d'un MARMITON.

Le marmiton porte sur sa tête une grande manne pleine de comestibles. Magloire ferme la marche, il joue du trombonne. Scipion tient une guitare et joue l'air suivant, en faisant le tour du théâtre à la tête de la troupe : les autres musiciens l'accompagnent sur leurs instrumens : revenu sur le devant de la scène, Scipion chante en s'accompagnant.

SCIPION.

AIR : Messieurs les étudians. (RONDE.)

Enfans de la gaîté,
Chantons notre victoire ;
En toute liberté,
Ici nous allons boire,
A mort ! (ter.)
Sans le moindre remord !
Et glou, glou, glou, tra la, la, la, la,
Chaque luron qui se trouve là,
Rira !

Cette nuit, pour danser,
Empruntons des fillettes ;
Et puis, sans balancer,
Grisons tous nos grisettes,
A mort ! (ter.)
Sans le moindre remord !
En avant deux, tra la, la, la, la, la,
Tout bas, l'amour qui sera par là,
Rira !

(Tous reprennent le refrain en dansant ; le petit marmiton veut danser aussi comme les autres.)

SCIPION, le voyant.

Que vois-je? le marmiton qui tricotte !.. malheureux !.. tu vas renverser nos comestibles ! et te baigner dans la sauce, comme un dindon de ton établissement !

MAGLOIRE, riant.

Ah ! ah ! ah ! entends-tu, zéphir de barrière !

EUGÈNE.

Mon cher beau-père, nous voilà arrivés à notre maison de La Villette.

SCIPION.

Et où est donc tout le village ? il me semble que nous avons fait une entrée assez foudroyante, pour obtenir au moins quelques gamins comme spectateurs ?

MAGLOIRE.

Y en a la moitié à la mairie pour la cérémonie de la rosière.

EUGÈNE.

Et l'autre moitié est déjà endormie.

SCIPION.

Il est vrai que ces particuliers-là sont de l'espèce des serins de Canaries ; ils montent sur leur bâton au soleil couché... n'importe, nos folies vont prendre une tournure chaleureuse ; nous ne nous sommes déjà pas trop mal tirés de la plus difficile. (Aux jeunes gens.) Messieurs, je vous fait mon compliment, vous m'avez arrêté avec beaucoup de grace. (A Magloire et Eugène.) Toute la noce me croit en prison, par conséquent me voilà libre!

MAGLOIRE.

Malgré ça, je trouve le tour bien hardi...

SCIPION.

Laisse donc! j'en ai rapporté comme ça plein mon sac, d'Alger, doublé de maroquin: d'ailleurs, moi, je ne marchande jamais une farce, je la saisis, et vous la fais avaler comme un verre de Champagne, avec la mousse. (Aux musiciens.) Messieurs les musiciens, si je vous ai enlevés, en venant ici, du jardin d'Idalie, où vous faisiez sauter des cuisinières, des écaillères et autres divinités olympiques, ne croyez point que vous ayiez à vous en repentir: vous allez souper avec nous, messieurs les musiciens...

(Tous les musiciens saluent.)

MAGLOIRE.

Avec des gens comme il faut!

EUGÈNE.

Qui ne sont pas fiers...

SCIPION.

Il y eut jadis un empereur romain, de Babylone, connu sous la dénomination de Sardanapale, qui ne pouvait pas manger un biffteck aux pommes de terre, une chipolata, ou n'importe quoi, sans avoir des musiciens à ses trousses; eh bien, messieurs, j'ai voulu l'imiter en ce jour toute la nuit; vous nous jouerez des quadrilles des Huguenots et des Puritains, pendant le repas, et si vos crincrins sont un peu aigres, ça nous fera trouver le vin meilleur.

EUGÈNE.

Il y en a du bon dans la cave de ma mère.

MAGLOIRE.

Elle en a ici plus de cinq cents bouteilles de toutes les conditions...

SCIPION.

Cinq cents bouteilles! ô femme adorée, tu mérites ma vénération! (Au marmiton.) Jeune gargotier, entre dans ce pavillon et sers-nous le souper: Eugène accompagne-le, nous irons vous rejoindre quand tout sera prêt.

(Eugène et tous les autres entrent dans la maison en reprenant en chœur:)

Et glou, glou, glou, tra la, la, la, la, etc.

SCÈNE II.

SCIPION, MAGLOIRE.

MAGLOIRE.

A présent, Scipion, parlons de mes amours, de Mlle Barbe Richard?

SCIPION.

Immédiatement; dis-moi, où demeure-t-elle, ta Barbe?

MAGLOIRE, montrant la maison en face.

Là, ci-contre.

SCIPION.

Donne-moi quelques renseignemens; d'abord, es-tu bien sûr d'être aimé?

MAGLOIRE.

Adoré, chéri; cette fille, voyez-vous, elle est innocente d'une manière stupide, elle n'a jamais joué qu'avec moi, quand elle était gamine, si elle a grandi, c'est sans y entendre malice.

SCIPION.

Et pourquoi consent-elle donc à se marier aujourd'hui avec un autre?

MAGLOIRE.

Parce qu'elle a été agonie de méchans propos par toutes la commune: on lui a seriné que je ne voudrais jamais d'elle, que j'étais riche, que j'avais un beau physique, enfin des tas de cancans qui n'ont ni queue ni tête!..

SCIPION.

J'allais le dire!..

MAGLOIRE.

Pour lors, cette jeunesse s'est laissée entraîner du côté du sieur Baloufeau, un batelier du canal: avare comme une fourmi et grossier comme un pain de munition; mais qui est protégé par monsieur le maire, sous prétexte qu'il a commis des belles actions en sauvant des noyés qui étaient morts de la veille.

SCIPION.

C'est un grand malin!.. néanmoins, on peut faire des tours plus forts que ça! Magloire, va me chercher ta belle ingénue, il faut que je la voie.

MAGLOIRE.

Je vas l'appeler!.. (Il s'avance à la porte de la maison et frappe en appelant.) Mlle Barbe!.. Mlle Barbe!.. Tiens, personne ne répond!.. Mlle Barbe!.. (Il pousse la porte.) La porte est fermée... visage de chêne, pour le moment!..

SCIPION.

Est-ce qu'elle n'a pas de parens, une mère?..

MALOIRE.

Oui, une mère qui est sourde comme une marmite.

SCIPION.

Alors, nous allons changer de batterie, et en attendant que la rosière réintègre le domicile... (Il prend son portefeuille et écrit quelque chose au crayon sur une feuille qu'il déchire après.) tu vas introduire ce mot d'écrit dans sa serrure.

MAGLOIRE.

Qu'est-ce que c'est, hein?..

SCIPION.

Je te le dirai plus tard, quand je te donnerai tes instructions pour l'attaque générale... Tiens, porte ce poulet à son adresse... (Magloire va mettre le papier dans la serrure.) C'est qu'il est vraiment bien comique qu'on ose encore faire des rosières, aujourd'hui!.. c'est un abus que nous ne devons pas tolérer, nous autres viveurs!.. ça n'est plus dans les mœurs!..

MAGLOIRE.

Je la guetterai au passage, pour savoir.

EUGÈNE, paraissant sur le pas de la porte en débouchant une bouteille.)

Scipion, la table est servie!

SCIPION.

Bravissimo! la noce va commencer! O Bacchus!.. Dieu de l'ancienne mythologie!.. toi qui m'a protégé dans tous les climats, soutiens-moi, mon ami!..car je vas jouer un jeu à... me casser la tête, les jambes et les bras!.. (Il crie.) La musique!.. (Il rentre avec Magloire.)

SCÈNE III.

BALOUFEAU, BARBE, HOMMES et FEMMES de La Villette.

CHOEUR.

AIR : Allons, amis, le jour vient de finir. (Chevreuil.)

Allons, amis, le prix est bien placé;
Elle est la plus sage et pourtant la moins fière,
Ell' méritait qu'on la nommât rosière,
Et le maire a bien prononcé!

BARBE, aux paysans.

Dites donc, les autres!..vous m'aburissez!..me v'là rendue cheux nous, c'est point la peine de me reconduire pus loin... marci de vos chansons...

BALOUFEAU, avec prétention.

C'est ça!.. que les hommes aillent s'humecter le gosier avec le lait du marchand de vin, que les femmes rentrent toutes chez soi pour s'ensevelir dans le sommeil... et que personne n'oublie qu'il fera jour demain!..

(Tous reprennent le chœur en sortant

BALOUFEAU.

C'est donc décidément toisé, Mlle Barbe! vous voici rosière de La Villette, pour ce 15 de juin 1836.

BARBE.

Puisqu'ils l'ont tous voulu, moi, je le voulons ben itou.

BALOUFEAU.

Est-ce que vous n'êtes pas la plus sage du village, à vingt-cinq lieues à la ronde?..

BARBE.

Dame, je vous trouvons si laids, trétous!..

BALOUFEAU.

Est-ce que vous n'avez pas soigné votre mère? est-ce que vous n'étiez pas toujours là, près de son lit, à passer des nuits blanches qui vous rendaient les yeux rouges?

BARBE.

J'allions quelquefois à la danse, les dimanches, pas moins!

BALOUFEAU.

Ça n'y fait rien, Barbe!

AIR : Femmes, voulez-vous éprouver.

Pour vos mérit's, il vous est dû
La plus bell' de tout's les couronnes...
Et vous avez de la vertu,
A vous seul' pour pus d' quinz' personnes.
Belle Barbe, il en est de ça,
Comm' des appas qui sont les vôtres. .
La nature vous en donna,
Pour vous et pour cinq ou six autres!

BARBE.

Vous êtes ben gracieux!..

BALOUFEAU.

Aussi le cœur me bat dans le corps de joie, de ce qu'on vous donne une superbe dot pour m'épouser...

BARBE.

Attendez donc, Baloufeau, m'est avis que vous aimez encore mieux l'argent que la fille, vous, hein?..

BALOUFEAU.

Par exemple!..j'avons pour vous un amour impossible!.. je m'ai brouillé avec toutes mes femmes à votre intention; car, il gnia pas à dire, je suis le coq du village!..

BARBE.

Et même un coq plumé qui n'a pas le sou... c'est ce qui fait que je sentons point d'amiqué pour vous, pas une miette, pas un brin.

BALOUFEAU.

Vous êtes ben difficultueuse, Mlle Barbe!.. mais vous verrez, huit jours après le CONJUNGO, vous ne pourrez pus vous défaire de moi!..

BARBE.

C'est pour ça que je voudrions m'en défaire avant...

BALOUFEAU.

Ne dit's donc pas ça, mamzelle... ainsi, c'est établi, gnia pus à vous en dédire, nos fiançailles sont baclées pour de bon.

BARBE, avec tristesse.

Eh! mon Dieu oui!.. mais voyez-vous, n'écoutez point les menteries qu'on vous dira d'ici à demain... Y a la Julienne, la Borgnotte et la Blaisot qui mourront de rage de n'avoir pas été rosières, et qui vont bavarder du mal de moi tout partout...

BALOUFEAU.

C'est des envieuses!.. à qui que j'couperai la musette!..

BARBE.

Ça me fera plaisir!.. allons, adieu, Baloufeau, je rentrons dans nout' maison...

BALOUFEAU.

A revoir, fille de mœurs et de vertu!.. (A part.) Pour y gagner le cœur tout à fait, je vas l'y apporter un présent, qu'elle en tombera de surprise de son haut!.. (A Barbe.) Avant de vous quitter, Mlle Barbe, v'lez-vous me donner un bon baiser, s'il vous plait?..

BARBE, surprise.

Un baiser?.. une rosière!.. ça serait du propre!..

BALOUFEAU.

Adieu méchante!.. (A part.) Je reviendrai à la pique du jour. (Il sort.)

SCÈNE IV.

BARBE, seule.

C'est pourtant ben désagréable d'être à c't'homme-là, tandis que j'eu avons un autre là, dans le cœur, que personne ne sait... et v'là le pourquoi t-est-ce qu'on m'a jugée la pus sage!.. jobards de paysans, va!.. Allons, rentrons, et ne pensons plus à ce Parisien de M. Magloire, qui ne pense guère à moi... (Elle va à sa porte et cherche à mettre la clé dans la serrure. Tiens est-ce qu'il y a des miettes de pain dans ma clé?.. Elle souffle dedans et la remet.) Eh! non!.. c'est un p'tit chiffon de papier qui est niché là!.. (Elle s'avance sur le devant de la scène.) Quoi que ça veut donc dire ça?.. je gage que c'est un tour que la Borgnotte vient de me jouer...(On entend rire dans le pavillon, Barbe est effrayée.) Quoi que c'est que ça, ça me fait peur!.. je vas joliment me renfermer cheux nous!..

(Elle entre en courant chez elle et ferme la porte.)

SCÈNE V.

SCIPION, EUGÈNE, MAGLOIRE, tous les MUSICIENS, ils ouvrent les rideaux du pavillon et on les voit tous à table.

TOUS, trinquant.

Où peut-on être mieux, (bis.)
Qu'au sein de sa famille.

TOUS, riant.

Ah! ah! ah! ah!..

SCIPION.

Messieurs, je suis content de vous!..nous en sommes à la vingt-septième bouteille!.. mais ça ne suffit pas, et nous allons terminer le divertissement par le coup de grace: (D'un ton de commandement.) Soldats! à vos rangs! (Tout se lèvent.) Portez armes! (Il prennent chacun une bouteille.) Apprêtez armes! (Ils en font sauter les bouchons.) Joue! (Ils la penchent.) Feu!..

(Ils boivent tous en même temps; ils posent ensuite leurs bouteilles et chantent.)

CHOEUR.

AIR de l'Orgie. (DE LA TENTATION.

Qu'au milieu de l'orgie
Notre ardente énergie,
Notre face rougie
Brillent de toutes parts!
Buveurs, qu'on se dévoile!
Nuit, déchirons ton voile!
Faisons pâlir l'étoile
De Vénus ou de Mars!
Qu'au milieu de l'orgie, etc.

(Pendant le chœur, Scipion, Magloire et Eugène descendent en scène; les amis d'Eugène les suivent.)

MAGLOIRE, un peu gris et se jetant au cou de Scipion.

Ah! beau-père, vous êtes mon ami, mon camarade pour toujours! vous refaites mon éducation qui avait été manquée... je ne veux plus d'autre percepteur que vous...

SCIPION.

C'est la plus douce récompense de mes faibles efforts! et dans le fond, c'est très moral! un père avec ses enfans, qu'est-ce qu'on peut dire?

MAGLOIRE.

Rien de rien! tout ça est dans l'ordre de la nature humaine.

SCIPION.

Eh bien! musiciens du café des aveugles, comment trouvez-vous que je vous fais passer l'existence?.. (Il rit.) Ah! ah! mes gaillards, vous ne vous attendiez guère à être submergés à ce point-là! hein?

EUGÈNE.

Ils ne peuvent pas répondre, la tête leur tourne.

SCIPION.

C'est singulier! j'ai toujours remarqué que les peintres et les musiciens ne pouvaient pas supporter de vin.

MAGLOIRE.

Ce sont deux classes bien à plaindre!

SCIPION.

Mais à présent il faut parler d'affaire, mes enfans! Eugène, tu vas re-

tourner à Paris, et tu feras remettre secrètement cette lettre à la Rosine.
(Il lui donne un billet.)

EUGÈNE, le prenant.

Son magasin n'est pas encore fermé, elle y sera sans doute.

SCIPION.

Allons, pars, mon garçon, pendant que je vas m'occuper de ton frère.

EUGÈNE.

Adieu; je vous attendrai à la maison, et je vous préviendrai de ce que ma mère aura pu dire de notre absence.

SCIPION.

C'est ça! (Eugène sort avec ses amis, en fredonnant le chœur : Glou, glou, etc.)

SCÈNE VI.

SCIPION, MAGLOIRE.

SCIPION.

Dis donc, Magloire, nous ne sommes pas gris, n'est-ce pas?

MAGLOIRE.

Ah! je crois ben! un petit gris-perle, tout au plus.

SCIPION.

C'est que nous avons besoin de notre tête, pour ce qui va suivre : voyons, es-tu prêt à devenir aimable et séduisant, tout de suite?

MAGLOIRE.

Toujours; ça ne me quitte jamais ces sortes de choses...

SCIPION.

Donne-moi ma guitare.

MAGLOIRE.

Est-ce que nous allons danser?

SCIPION.

Non, mais nous allons en pincer. (Magloire lui donne sa guitare.) Vois-tu, mon beau-fils, une supposition que nous sommes en Espagne, voici la manière de prendre une femme quelconque, par les deux oreilles, sans la faire crier. (Il prend la guitare des mains de Magloire, se place sous la fenêtre de Barbe, et joue l'air suivant en chantant.)

AIR Arrangé par M. Massé.

Connaissez-vous dans Barcelone,

Que je suis simple, je me crois toujours dans l'Andalousie, lorsque je suis tout bonnement dans la banlieue.

Connaissez-vous dans La Villette,
La belle Barbe au grand œil...

(A Magloire.) La couleur de ses yeux?

MAGLOIRE.

Bleus.

SCIPION.

Au grand œil bleu;
Elle est fraîche, elle est...

(A Magloire.) Elle se porte bien, n'est-ce pas?

MAGLOIRE.

Moi, je la trouve grasse.

SCIPION.

Elle est grassouillette,
Et c'est une ardente brunette.

MAGLOIRE.

C'est qu'elle est blonde.

SCIPION.

Ça ne fait rien!

Et c'est une ardent' blondinette,
Qui met son quartier tout en feu. (bis.
Cette rosière est idéale...
On donnerait des millions pourqu'...

MAGLOIRE.

Hein?

SCIPION.

On la rendit sentimentale ;
Car c'est Jeanne-d'Arc, la Vestale,
Sur les bords du canal de l'Ourcq.

Elle est sourde comme un pot, ta rosière ; prends-moi ta trombonne et accompagne-moi.

Ils recommencent l'air ; Magloire souffle de toutes ses forces dans son instrument

SCÈNE VII.

LES MÊMES, BARBE, paraissant à sa fenêtre.

BARBE.

Qui qu'appelle ? avec sa musique ?

SCIPION, à mi-voix.

Un individu mystérieux !

BARBE.

Quoi que vous v'lez ?..

SCIPION, bas à Magloire.

Oh ! quoi que vous v'lez !.. elle parle français comme une génisse espagnole, ta rosière.

MAGLOIRE, bas.

Ça n'y fait ni chaud ni froid ; allez toujours.

BARBE.

Voyons, voulez-vous me dire de quoi que vous v'lez ?

SCIPION.

Vous voir et vous parler, fille charmante !

BARBE.

C'est-y point vous des fois qu'avez écrit un mot d'écrit pour moi ?

SCIPION.

Oui, ma belle !

BARBE, avec énergie.

Pour lors, vous êtes un faux, un scélérat de coquin !.. vous venez de la part de la Borgnotte.

SCIPION.

La Borgnotte !

BARBE.

Elle nous jalousons, et vous envoyons tout fin dré pour qu'on dise demain, dans toute la commune, que je ne méritons pas la rose.

SCIPION.

Vous vous trompez, Barbe.

BARBE.

Pour faire des manigances aussi vilaines, faut que vous soyais un fier guerdin ! mais ça ne prend pas... Bonsoir, au plaisir ! (Elle ferme sa fenêtre.

SCIPION, à Magloire.

En voilà une curieuse Andalouse ! qu'est-ce que tu dis de tout ça, toi ?

MAGLOIRE.

Moi, je dis pas un chat.

SCIPION.

C'est démoralisant ! que veux-tu qu'on fasse avec une imbécile d'un numéro si supérieur ?

MAGLOIRE.

Dame ! des rosières, c'est pas comme tous les autres mortels.

SCIPION.

Comment diable as-tu pu aimer ça ?

MAGLOIRE.

Ça me vient d'enfance, je peux pas m'en guérir.

SCIPION.

Alors, mon ami, pour venir à bout de l'attirer ici, il faudra employer les grands moyens... nous allons nous livrer à la chasse du furet : pendant que j'entrerai dans le terrier d'un côté, le gibier sortira de l'autre, et tu seras là pour le recevoir ? (Il grimpe à l'arbre qui est près de la croisée de Barbe.)

MAGLOIRE.

Vous voulez monter à l'arbre ?.. ah ! si vous alliez vous détailler en dégringolant ?

SCIPION.

Ne crains rien, je sais monter à l'assaut. (En disant ces derniers mots, il est arrivé au haut de l'arbre : il pousse la croisée qui résiste et finit par céder, il entre par la fenêtre.

MAGLOIRE.

AIR : L'exercice fait les talens.

Me voilà près de son logis,
Comme auprès d'une souricière,
Et je dois être à mon affaire
Comme un chat qui guette un' souris.
A la porte ici quand je gratte,
J' fais des gros yeux et des jurons...
Mais quand j'aurai mis d'ssus la patte,
Je f'rai joliment des ronds ronds !

Attention!.. (On entend Barbe jeter un cri d'effroi dans la maison.) Oh! voilà la souris qui crie!.. guettons, guettons : je suis un fameux Rominagrobis!..

SCÈNE VIII.

MAGLOIRE, BARBE, sortant de la maison par la porte.

BARBE, courant sur le théâtre.

Au secours! au secours!.. Je sons tous pardus!.. le cœur me manque et les jambes aussi... je vas me trouver incommodée !..

(Elle va tomber sur un banc de gazon qui est au pied de l'arbre.)

MAGLOIRE, à part.

Avançons à pas de chat. (Il s'approche d'elle.)

BARBE, regardant partout et le voyant dans l'ombre.

O! sainte Barbe, ma patronesse!.. en v'là encore un...et j'ai des fromis dans les pieds!.. je pouvons pus m'en sauver!..

MAGLOIRE.

Barbe!.. c'est ton amant charmant!..

BARBE, le regardant avec surprise.

Quiens! c'est M. Magloire Perrichon!

MAGLOIRE.

Oui, Barbe Richard! c'est votre amoureux qui est venu à La Villette, pour vous secourir, à point nommé.

BARBE.

Est-ce que vous êtes d'accord ensemble avec le bandit qui s'a introduit cheux nous par la croisée?

MAGLOIRE, embarrassé.

Le bandit?..

SCIPION, le soufflant d'en haut.

Non! je ne le connais pas!

MAGLOIRE, répétant après avoir regardé Scipion.

Je ne le connais pas.

BARBE, entendant remuer les feuilles.

Qu'est-ce qui souffle donc par là?

MAGLOIRE.

C'est le vent.

SCIPION, soufflant.

Il faut d'abord vous mettre en sûreté!

MAGLOIRE.

Il faut d'abord vous mettre en sûreté. Suivez-moi.

BARBE.

Je peux pas... et mon innocence pour demain?.

SCIPION, soufflant.

Ça se retrouvera!

MAGLOIRE.

Ça se retrouvera!

BARBE.

Oh! non... ça n'se r' trouve pas!

MAGLOIRE, se rapprochant de Scipion.

Ell' refuse...

SCIPION, à Magloire.

Va toujours!.. le bon motif... ton amour... ta mère, etc.

MAGLOIRE, avec un feu comique.

Barbe! vous me mettez dans un état ridicule! (Se mettant à genoux.) Je vous aime depuis l'âge de six ans et demi! j' voulais vous épouser...

BARBE, avec joie.

M'épouser?.. (Elle se met à genoux.)

MAGLOIRE.

Très bien!.. et au lieu de ça, vous voulez devenir Mme Baloufeau!..

BARBE.

Dam! est-ce que j' savions, moi! si vous m'aviez dit tout ça d'abord.

MAGLOIRE.

Ne restons pas plus long-temps dans la rue, Barbe... venez chez ma mère, en face, j'en ai bien d'autres à vous conter.

BARBE.

Au fait, pisque je pouvons point rentrer cheux nous, je serons plus en sûreté dans voute maison... (S'arrêtant à la porte du pavillon.) Pourtant, si on vient à savoir le cancan, je n'aurons pus la rose!

MAGLOIRE.

Bah! il y en a d'autres dans notre jardin!..

(Il l'entraîne et ils disparaissent tous deux.)

SCÈNE IX.

SCIPION, sur le balcon, puis BALOUFEAU.

SCIPION.

Enfin la colombe est dans nos filets! ce n'a pas été sans peine!.. hélas! qu'un bon père a de mal pour faire le bonheur de ses enfans!..

BALOUFEAU, arrivant avec mystère; il tient un bouquet.

V'là un gros bouquet, dans quoi que j'ai mis une croix d'or et des blouques d'oreilles.

SCIPION, sans le voir.

Ma mission est remplie, décampons sans tambour ni clarinette...

(Il se dispose à descendre de l'arbre.)

BALOUFEAU.

Je vas y attacher ma surprise à sa croisée. (Il monte à l'arbre.) Ça la flattera à son réveil. (Arrivé au milieu de l'arbre, il se rencontre avec Scipion.)

SCIPION.

Qui vive?

BALOUFEAU.

Qui vive toi-même?.. Un individu mâle chez la rosière... Je t'empoigne!

SCIPION, le menaçant et le saisissant.

Tu en as menti; c'est moi qui t'arrête!

BALOUFEAU, descendant.

Bon! bon! nous allons voir!

SCIPION.

Qu'est-ce que vous demandez, homme du commun?

BALOUFEAU.

Comment, ce que je demande?.. et vous?

SCIPION.

Moi? rien!

BALOUFEAU.

Quoi que vous faites donc là?

SCIPION.

Je prends le frais pour ma santé.

BALOUFEAU.

Chez ma fiancée!.. faut que vous ayez un fameux front pour me répondre de cette couleur-là?..

SCIPION.

Batelier, si vous vous mettez comme ça en fureur, le brouillard va vous enrhumer!..

BALOUFEAU, avec agitation.

La surprise me coupe l'haleine! ah ça! me prenez-vous pour un mouton de pré salé, de croire que ça va se passer sans une explication fumante!

(Il descend de l'arbre.)

SCIPION.

Aimable marin d'eau douce, que voulez-vous de moi?

BALOUFEAU.

D'abord, je vais chercher Mlle Barbe, pour lui faire en votre présence une avanie affreuse! (Il fait un mouvement.)

SCIPION.

N'y allez pas!.. la pastourelle n'y est plus.

BALOUFEAU, furieux.

De quoi! enlevée!.. vous m'auriez arraché...

SCIPION.

Votre Barbe!..

BALOUFEAU.

Ah! vilain particulier, ça passe les bornes!.. mais descends donc, nous allons nous brûler la cervelle à grands coups d'escarpins!

SCIPION.

Ça te ferait donc bien plaisir?

BALOUFEAU.

Oui, oui, tout de suite!

SCIPION.

Bon! (Il descend de l'arbre.)

BALOUFEAU, pendant que Scipion descend.

O Barbe! est-ce que tu m'aurais déjà coupé l'herbe sous le pied avant la moisson!.. ma vue est falsifiée par des bluettes! je vois trente-six mille chandelles, quoi!

(Scipion arrive sur le théâtre. Baloufeau court à lui : une lutte s'engage; Scipion pare ses coups en lui en donnant un chaque fois; il finit par lui saisir les deux mains, et lui donnant un croc en jambe qui le renverse à terre.)

SCIPION.

Prenez garde mon ami, vous laissez tomber quelque chose...

(Il se sauve dans le pavillon.)

SCÈNE X.

BALOUFEAU, puis DES PAYSANS.

BALOUFEAU, à terre, voyant entrer Scipion dans le pavillon.

Il détale, le poltron... parce qu'il est est le plus fort!.. (Il se relève.) Mais quoi que je ferai pour ravoir ma fiancée, sans que le village sache qu'alle a été perdue toute une nuit? (Après avoir réfléchi.) Oh! m'y v'là!.. m'y v'là très bien! tous mes camarades sont encore au cabaret... J'allons les faire accourir. (Il va au bord de la coulisse et se met à crier de toutes ses forces :) Au voleur! au voleur!

CHOEUR de gens du peuple qui arrivent en désordre.

Air de Mathilde de Shabran.

Ici qu'est-c' qui crie au voleur?
Nous accourons avec ardeur;
Où s'est caché le malfaiteur?
Qu'il redoute notre fureur!

BALOUFEAU.

Mes amis, c'est un coquin, un voleur bien couvert qui cherchait à crocheter les portes, il m'a vu et s'est blotti chez Mme Perrichon, courez le pincer à domicile, et emmenez-le au poste de la mairerie!..

UN HOMME DU PEUPLE.

Allons!.. suivez-moi, compagnons!

(Ils se précipitent tous dans la maison de Mme Perrichon.)

BALOUFEAU.

Moi, il ne faut point que je soyons présent, parce que le misérable perdrait tout en racontant l'aventure de Mlle Barbe... (Il regarde dans la coulisse.) Ah! je voyons là-bas une dame de la ville qui descend de voiture, allons me cacher chez ma future pour n'être vu de personne.

(Il entre dans la ferme.

SCÈNE XI.

Mme PERRICHON, entrant lentement en scène.

Ah! je suis morte de fatigue!.. je ne savais plus où aller!.. j'en deviendrai folle!.. j'ai couru à la Préfecture, à l'Abbaye, à toutes les prisons, enfin!.. aucune nouvelle de mon mari!.. on s'est moqué de moi, partout, et quand je suis rentrée, je n'ai entendu que des plaisanteries insolentes de tous mes invités. c'était à qui ferait des gorges-chaudes sur la première nuit de mes noces!.. quelle horrible canaille que les amis d'aujourd'hui... Enfin je leur ai abandonné la place!.. qu'ils dansent, qu'ils boivent chez moi tant qu'ils voudront, je me suis sauvée à La Villette; j'y serai tranquille. (Elle s'avance vers sa maison. On entend crier dans l'intérieur du pavillon.) Il est pris!.. il est pris!.. (Trois hommes du peuple sortent en même temps.)

Mme PERRICHON, étonnée.

Des étrangers, chez moi!..

L'HOMME DU PEUPLE.

Quiens! c'est vous, Mme Perrichon!.. vous arrivez ben à temps.

Mme PERRICHON.

Qu'y a-t-il donc?..

L'HOMME DU PEUPLE.

C'est un brigand de voleur qui s'a introduit en vot' domicile.

Mme PERRICHON.

Un voleur!.. juste ciel!.. je suis dévalisée!.. tous les malheurs m'arrivent coup sur coup!.. là-bas, on m'enlève mon mari, ici on m'enlève tout ce que j'ai!..

L'HOMME DU PEUPLE.

Le voilà! le voilà!..

SCÈNE XII.

LES MÊMES, SCIPION, amené par plusieurs hommes; il est tout déchiré et se débat encore.

SCIPION.

Misérables!.. lâchez-moi!.. ou je vous brise contre la muraille!..

L'HOMME DU PEUPLE.

Non! non!.. serrez-le plus fort!

SCIPION.

Mais je vous dis que je suis pas un voleur!

Mme PERRICHON, regardant.

Qu'entends-je?.. ô providence! je ne me trompe pas!.. c'est lui c'est Scipion! mon mari!

TOUS, le lâchant, avec surprise.

Son mari!..

SCIPION, à part.

Ma femme!..

Mme PERRICHON.

Ah! mon ami, laissez-moi mourir de joie dans vos bras!..

SCIPION.

Ils vous sont ouverts, tendre épouse! (Elle s'y précipite.)

Mme PERRICHON.

Mais comment vous trouvé-je à La Villette?

SCIPION, à mi-voix et l'amenant sur le devant de la scène.

Chut!.. parlons bas, ces gens-là nous écoutent... (Il regarde et à part.) Le batelier n'y est pas... je puis mentir en toute sûreté... (Haut.) Sachez, excellente amie, qu'au moment où les tourlouroux qui m'emmenaient en prison, arrivèrent au coin de la rue du Ponceau, j'eus l'adresse de m'échapper de leurs mains et de gravir, comme un écureuil, le petit escalier.

Mme PERRICHON.

Oui, je vois ça d'ici...

SCIPION.

Je m'élançai à corps perdu sur la voie publique, les pantalons garances furent bientôt dépistés, je me précipitai dans un omnibus qui me conduisit jusqu'à la barrière, et je me rendis à votre maison; mais le désordre de mes traits, jeta l'épouvante parmi tous ces faubouriens, (En riant.) qui me prirent pour un de ces voleurs nocturnes qu'on a l'avantage de rencontrer dans toutes les rues de Paris.

Mme PERRICHON.

Votre adresse nous a tirés pour le moment. d'un grand embarras!.. Aux paysans.) Mes amis, vous voyez que c'était une erreur. il n'y a personne ici qui mérite d'être arrêté.

L'HOMME DU PEUPLE.

Excusez. bourgeois. de not' ignorance... c'est ce farceur de Baloufeau qui nous avait induits!..

SCIPION.

Je ne vous en veux pas, mes enfans, et pour vous le prouver, il me prend envie de vous combler de bienfaits! je vais vous donner de l'argent, pour boire à ma santé... non!.. à celle de mon épouse!..

L'HOMME DU PEUPLE.

C'est ça qui serait une fière vengeance de vot' part!..

SCIPION, après avoir tâté ses goussets, il prend le sac de sa femme, fouille dedans et remet des pièces de cent sous à l'homme du peuple.

Tiens, distribue cela à tes camarades...mais j'y mets une condition, c'est que vous donnerez une bonne correction à M. Baloufeau. quand il vous tombera sous la main!..

L'HOMME DU PEUPLE.

Ah! oui, par exemple!.. et de bon cœur!.. il recevra une roulée mémorable!.. il peut s'en vanter!

Mme PERRICHON.

Et nous, Scipion, nous allons rester ici tous les deux...

(Elle indique sa maison.)

SCIPION.

Tous les deux?.. impossible! cela serait inconvenant... retournons à Paris, vos amis sont dans l'inquiétude, je veux les rassurer par ma présence et embrasser mes deux beaux-fils!..

Mme PERRICHON.

Mais croyez-vous qu'il soit bien prudent...

SCIPION.

Ne craignez rien, il y aurait plus de danger pour moi, ici, qu'à Paris... (A un paysan.) Fais-moi avancer un fiacre.

Mme PERRICHON, avec un soupir, regardant sa maison et son mari.

Allons, il faut bien vous obéir!..

(Scipion sort avec sa femme; pendant ce temps, on voit Baloufeau sortir mystérieusement de la maison de Barbe.

BALOUFEAU, aux paysans.

Eh ben! est-il emballé?

L'HOMME DU PEUPLE.

V'là Baloufeau!.. tapons dessus!

CHOEUR des paysans qui tombent sur Baloufeau

AIR du Galop de Gustave.

Tapons sur lui,
Car aujourd'hui
Il a voulu s' moquer d' nous

TOUS.

C'est mérité,
En vérité.
Punissons-le de sa fauss'te!

(Baloufeau se débat, reste à terre et les paysans se moquent de lui. Pendant la bataille, Magloire se sauve avec Barbe par le fond.)

FIN DU DEUXIÈME ACTE

ACTE III.

Une jolie chambre ; un divan et des fauteuils; deux portes d'appartemens à droite et à gauche; porte au fond ; une fenêtre à gauche.

SCÈNE I.

EUGÈNE, entrant par le fond, il regarde sa montre.

Six heures du matin!.. tous nos amis invités à la noce sont encore en bas, dans le jardin ; les uns dansent, les autres font des observations malignes sur la disparition de ma mère, personne ne veut partir avant son retour, et moi je ne sais que penser de son absence; que sera devenu mon beau-père et surtout ce pauvre Magloire avec sa rosière? En attendant, j'ai fait porter hier au soir, la lettre de Scipion à ma chère Rosine, mais consentira-t-elle à venir ici, selon les ordres qui lui sont donnés par mon beau-père?.. Ah! l'inquiétude me tourmente trop, il faut que j'aille encore chez elle...

(Il s'avance jusqu'à la porte du fond ; au moment où il l'ouvre, on voit Rosine.)

SCÈNE II.

EUGÈNE, ROSINE.

ROSINE, ramenant Eugène par la main.

C'est inutile, monsieur, car me voilà!..

EUGÈNE.

Rosine!.. vous me comblez de joie!.. Je vous attendais depuis si longtemps, je n'osais plus espérer!..

ROSINE.

Pourquoi donc, mon ami? j'ai trouvé un prétexte pour sortir et faire une absence très longue: ainsi, nous pourrons causer...

EUGÈNE.

Vous avez reçu hier le billet que je vous ai fait remettre?

ROSINE.

Oui, je l'ai même lu plusieurs fois pour deviner les intentions de votre beau-père.

EUGÈNE.

Ses intentions sont excellentes, il veut nous marier.

ROSINE.

Ah! M. Eugène quelle erreur est la vôtre!..

EUGÈNE.

Comment?

ROSINE.

C'est pour vous éclairer sur les projets de M. Scipion, que j'ai consenti à venir vous trouver ce matin...

EUGÈNE, surpris.

Expliquez-vous ?..

ROSINE.

Personne dans notre quartier n'est dupe de la comédie que votre beau-père a jouée à votre maman...

EUGÈNE, avec étonnement.

Ah! ah?

ROSINE.

Mon oncle Gourdon qui dînait chez nous, a parlé d'habits militaires qu'il avait fournis; ensuite nous vous avons vus passer en voiture devant la boutique: vous étiez avec votre frère et M. Scipion vous paraissiez très gais, on vous aurait pris pour des fous... et certainement on ne pouvait pas croire que parmi les trois, il y en avait un qui se dit sérieusement amoureux!

EUGÈNE.

Rosine, je vous en conjure, ne parlez à personne...

ROSINE.

C'est très mal! et on voit bien que vous êtes déjà devenu l'ami de M. Scipion.

EUGÈNE.

Que voulez-vous!.. Il s'est montré si aimable, si généreux!..

ROSINE.

C'est précisément là-dessus qu'il faut vous désabuser. Ma tante a dit qu'il s'était fait ce caractère-là pour mieux vous tromper, jusqu'au moment où Mme Perrichon lui aura signé l'abandon de toute sa fortune... qu'il n'a pas encore!..

EUGÈNE.

J'ai toute confiance dans les promesses de mon beau-père; mais cependant vos réflexions peuvent être justes...

ROSINE.

Défiez-vous de lui, ne vous laissez pas entraîner par ses folies ou ses habitudes dangereuses; il vous dégradera en vous donnant des vices que vous n'avez pas, et puis il sera le premier à demander à votre mère qu'elle vous fasse partir...

EUGÈNE.

Si je croyais Scipion capable de tant de fausseté!.. oh! non! non! c'est impossible!.. dans cette occasion pourtant, nous devons saisir tous les moyens de nous en assurer. Rosine, vous pouvez m'être d'un grand secours si vous voulez?

ROSINE.

Parlez, Eugène, je ferai ce qui dépendra de moi pour vous convaincre de la vérité.

EUGÈNE.

D'abord, suivons les instructions que mon beau-père nous a données, afin de le rendre seul responsable de tout ce qui s'est fait cette nuit.

ROSINE.

Très bien; je veux moi-même parler à votre mère, pour le démasquer et le brouiller avec elle!

EUGÈNE.

Permettez!.. seulement, si nous reconnaissons que c'est un traître...

ROSINE.

C'en est un, j'en suis sûre!

EUGÈNE.

Ma mère peut revenir d'un moment à l'autre... attendez-la, dans cet appartement, ainsi que l'a prescrit Scipion. (Il indique la porte à droite.)

ROSINE.

J'y consens, et j'y resterai toute la journée s'il le faut, pour saisir une bonne occasion... Laissez-moi faire... je vous montrerai que j'ai de l'esprit!

EUGÈNE.

Je n'en ai jamais douté!

AIR de Mila

Adieu, surtout point d'imprudence,
Un seul mot nous compromettrait;
Nous assurons notre vengeance
En gardant tous le secret. (bis)

(Rosine entre dans le cabinet, Eugène le referme.)

MAGLOIRE, en dehors, appelant.

Eugène! Eugène!

EUGÈNE.

C'est la voix de Magloire?.. (Il va à la porte.)

SCÈNE III.

EUGÈNE, MAGLOIRE, BARBE.

MAGLOIRE, conduisant Barbe par la main.

AIR : Le plaisir.

La / me voilà! (bis)
Qui pourrait le croire!

La / me voilà ! (bis)
Quelle victoire
J'ai là !

EUGÈNE.

Quoi ! tous deux ?.. c'est peu moral !..

MAGLOIRE.

Quelle erreur extrême !

BARBE.

Du moment qu'il m'aime
Ça n'est ben égal !..

REPRISE ENSEMBLE.

EUGÈNE.

La voilà ! (bis)
Qui pourrait le croire !
La voilà ! (bis)
Quelle victoire !
Il a là !

MAGLOIRE et BARBE.

La / Me voilà ! (bis)
Qui pourrait le croire !
La / Me voilà ! (bis)
Quelle victoire !
J'ai là !

MAGLOIRE.

Tout a réussi ! l'enlèvement est consommé. Barbe est à moi ! elle a ma foi !..

BARBE.

Oui, ma foi, j'ai sa foi !

EUGÈNE, à Barbe.

Comment, sensible rosière, vous n'avez pas eu peur d'être ravie ?..

BARBE.

Ravie que vous dites ? je l'avons été d'aise, quand il m'a eue emmenée ; j'en somme contente comme tout !..

AIR de la Bonne aventure.

D' l'ancienne amitié que j'ai
J' gardons la mémoire,
Vot' frèr' m'épous' pour de vrai
Sans dot, ni grimoire ;
Baloufeau s'est intrigué,
C'ti-là n' veut qu' mon cœur morgué ;
J'aimons mieux Magloire,
O gué !
J'aimons mieux Magloire.

MAGLOIRE, à Eugène.

Voilà une innocence qui ne se dément pas, dans les positions les plus scabreuses !.. trouve-m'en donc beaucoup comme ça à Paris, même parmi les marchandes de modes !

EUGÈNE.

Je suis enchanté de vous voir si bien d'accord ; mais comment êtes-vous rentrés en ville ?

MAGLOIRE.

Dans un coucou...

BARBE.

Que j'avons pris à la barrière... ah ! il a eu bientôt fait sa route, allez !.. et pendant ce temps-là, moi, je rions, je rions comme une folle, en pensant à la mine que fera Baloufeau, quand il va pus me retrouver !.. ah ! ah ! ah ! ah ! (Elle a écouté au fond.) Dites donc, M. Magloire, quoi que j'entendons là tout proche ?

MAGLOIRE.

Ce sont des amis qui forment des contredanses dans le jardin...

BARBE.

Dans le jardin ?.. est-ce que je ne pourrions pas m'en mettre de la compagnie ?..

EUGÈNE.

Ah bien ! cela nous jetterait dans un bel embarras !..

BARBE.

Pourquoi?

MAGLOIRE.

Il ne faut pas qu'on vous voie encore.

BARBE.

Ah! tant pire! moi, je voulons aller à la danse.

MAGLOIRE.

Ce serait digne de Charenton!

BARBE.

De quoi, Chalenton?.. je savons danser aussi bien que pas une Parisienne, et la valse donc!.. c'est ma plus belle science!.. tenez, acoutais!.. en v'là une qui commence.

BARBE.

Air de la Folle.

Tra, la, la, la!.. (bis.)
Queuqu'c'est que c't air-là?
Tra, la, la, la! (bis.
V'là que j'saut' déjà!..

(Elle entraîne Magloire qui valse malgré lui

MAGLOIRE, la quittant et se jetant sur un fauteuil.

Achève qui voudra; la corvée est trop dure!..

SCÈNE IV.

LES MÊMES, SCIPION, entrant par le fond, il a changé d'habit.

SCIPION.

Enfin, mes amis, me voilà!.. (Il voit Barbe valsant.) Mais que vois-je?.. une valseuse sans cavalier?..

(Il court la prendre sous les bras et ils continuent de valser tous deux

BARBE, sans le regarder et dans l'ivresse.

A la bonne heure... soutenez-moi ben toujours!

SCIPION.

C'est que vous me marchez sur les pieds.

BARBE.

C'est mes souliers... (Elle le regarde.) Mais dites donc, c'est point vous qui m'avez commencée? je vous reconnaissons!..

SCIPION.

Et moi aussi!..

BARBE.

Vous êtes le scélérat qu'a grimpé dans not' maison, à La Villette?..

SCIPION.

J'ai cet honneur-là!..

BARBE.

Comment que ça va?

SCIPION.

Bien, et vous?

BARBE.

Point mal!.. quoi que vous venez faire ici?..

SCIPION.

Je viens vous faire valser, comme vous voyez!..

BARBE.

Ah! c'est ben drôle, tout de même...

SCIPION.

C'est horriblement comique!

BARBE, s'arrêtant.

Là, en v'là assez! (A Magloire.) Dites donc, M. Magloire, c'est le brigand de là-bas..

MAGLOIRE, riant.

Eh! je le sais bien!..

EUGÈNE.

C'est un de nos amis!..

BARBE.

C'est un beau chrétien, cet homme-là!..

SCIPION.

Est-ce que vous m'en voulez de vous avoir fait enlever?..

BARBE.

Point un brin!..eh! tenais, pisque j'avons dansé tous deux, embrassez-moi, bah!..

SCIPION.

Ce n'est pas de refus! (Il l'embrasse.) A toi, Magloire... (Magloire l'embrasse aussi.) Voilà comme je comprends les rosières!.. Maintenant, mes enfans, parlons de nos projets, votre mère est en bas qui reçoit les félicitations de tous ses amis; Eugène, où est ta Rosine?..

EUGÈNE, à mi-voix.

Elle est là!.. (Il montre la chambre.)

SCIPION.

A présent, il ne nous reste plus qu'à cacher aussi la rosière...

BARBE.

Me cacher?.. je voulons point; j'aimons mieux aller à la danse...

MAGLOIRE.

Encore!.. ah! ça, c'est donc une hydrophobie!..

SCIPION.

Si Mme Perrichon savait que vous êtes ici, nous serions tous compromis.

MAGLOIRE.

Notre mariage manquerait.

BARBE.

Vous croyais?.. mais à la fin de ça, quoi que vous voulez donc faire de moi?

SCIPION.

Est-ce que nous le savons encore? il faut des ruses diaboliques, des préparations incroyables pour venir à bout de nos plans!.. n'entravez pas nos opérations par votre entêtement de mule espagnole.

BARBE.

Mule espagnole?.. allons, criez point, je me rangeons à vot' idée... cachez-moi queuque part, là...

SCIPION, allant ouvrir la porte du cabinet de gauche.

Tenez, ici!..

BARBE, regardant.

C'est une chambre grande comme tout!.. eh ben! j'y entrons, mais je vous avertissons de pas m'y laisser trop, et outre ça, si j'entendons encore les violons je me mettrons à danser toute seule, d'abord.

SCIPION.

Tant que vous voudrez!..

BARBE, entrant dans la chambre en chantant.

Tra, la, la, la!.. etc.

SCIPION, fermant la porte sur elle et prenant la clé.

Elle ne sortira pas sans ma permission... (Allant à l'autre cabinet dont il prend également la clé.) ni celle-là non plus.

(On entend dans la coulisse la voix de Mme Perrichon.)

EUGÈNE.

Ma mère!..

MAGLOIRE.

Il était temps!..

SCÈNE V.

LES MÊMES, Mme PERRICHON.

Mme PERRICHON, avec gaîté.

Je suis triomphante!.. Mme Crépin, Mme Raguenot, Mlle Hardoin, ne savent plus que dire!.. tous mes détracteurs sont atterés par votre retour, mon cher Scipion, et moi je suis la plus heureuse des épouses!..

(Elle s'assied.)

SCIPION.

Vous seriez bien bonne, charmante amie, de vous irriter des caquets frivoles du vulgaire; ce sont des femmes envieuses, qui donneraient, en fortune, tout ce qu'elles possèdent, et en beauté, tout ce qu'elles ne possèdent pas, pour me posséder à votre place.

Mme PERRICHON.

Aussi je me ris de leurs opinions sur votre compte... je ne croirai jamais que vous!..

SCIPION.

C'est bien comme ça que je l'entends.

Mme PERRICHON, voyant ses deux fils.

Ah! vous voilà, messieurs!.. qu'êtes-vous donc devenus cette nuit, tous les deux?

EUGÈNE, embarrassé.

Ma mère... nous étions...

MAGLOIRE, de même, regardant Scipion.

Nous avons été...

SCIPION.

Allons... achevez donc, messieurs, vous avez été vous coucher...

Mme PERRICHON.

Ainsi, quand j'étais agitée par tant d'inquiétude... que je cherchais partout quelqu'un pour me consoler, m'accompagner dans mes démarches, ces messieurs dormaient bien paisiblement!..

SCIPION.

Ce n'est pas leur faute; quand on dort, il est difficile de faire autre chose, dans ce moment-là!..

Mme PERRICHON.

Laissez donc!.. ce sont deux égoïstes!..

SCIPION.

Excusez-les, chère amie, et n'oublions jamais que nous avons été jeunes comme eux!..

Mme PERRICHON, avec aigreur.

Nous avons été?.. mais j'espère bien que je le suis encore?..

(Elle se lève.)

SCIPION, se reprenant.

Oui, oui, oui!.. aussi ce n'est pas pour vous que je dis ça... c'est pour moi.

MAGLOIRE, à part.

Flatteur, va!..

Mme PERRICHON.

J'espère au moins, M. Eugène, et vous M. Magloire, que vous aurez assez de civilité pour aller reconduire des dames qui sont encore en bas et qui n'ont pas de cavaliers.

EUGÈNE.

Puisque vous l'ordonnez, ma mère...

MAGLOIRE.

Nous y allons de ce pas.

Mme PERRICHON.

Ah! c'est bien heureux!..

SCIPION.

Faut-il que je les suive?..

Mme PERRICHON, d'un air tendre.

Non, Scipion, restez; nous avons à causer.

(Eugène et Magloire sortent par le fond.)

SCÈNE VI.

SCIPION, Mme PERRICHON.

Mme PERRICHON, allant s'asseoir sur une chaise.

Après une nuit de trouble et de tourmens, je suis bien aise, mon ami, de me trouver seule ici, avec vous...

SCIPION.

Et moi donc!..

Mme PERRICHON.

Venez vous asseoir, là... près de moi!..

SCIPION, à part, allant prendre une chaise qu'il place à distance de celle de sa femme.

Ah! ah! qu'est-ce qu'elle va donc me dire?.. (Il s'assied.)

Mme PERRICHON.

Vous ne pouvez vous figurer, Scipion avec le cœur tendre que vous me connaissez, la crise nerveuse que j'ai eue lorsqu'on est venu vous arrêter!..

j'ai cru que j'allais mourir suffoquée, et je sens que je ne supporterais pas une seconde épreuve comme celle-là!..

SCIPION, à part.

Pauvre femme!..

Mme PERRICHON.

Aussi, mon ami, j'ai une question à vous faire pour ma tranquillité personnelle: Est-il vrai que vous ayiez déserté?..

SCIPION.

Moi!.. jamais!.. mes papiers sont en règle; monsieur le maire les a vus; tenez, je vais vous montrer... (En disant ces derniers mots, il fouille dans sa poche.) Ah! je n'ai pas mon portefeuille... je l'aurai laissé dans mon autre habit... mais soyez calme là-dessus, je vous réitère que c'est une erreur de nom... au régiment, nous étions quatre ou cinq Scipion, et huit ou dix Courtois... la police militaire se sera trompée!..

Mme PERRICHON.

Ah! vous me rassurez tout-à-fait!.. Votre chaise est bien loin de la mienne, mon ami!..

SCIPION.

Ne faites pas attention!..

Mme PERRICHON, elle se rapproche, Scipion recule la sienne adroitement.

N'importe, Scipion, il faudra que vous alliez ce matin au ministère de la guerre pour faire cesser ce quiproquo désagréable...

SCIPION, se levant vivement.

J' vas tout de suite, si vous voulez?..

Mme PERRICHON.

Oh! nous avons le temps!.. parlons de notre ménage... (Scipion se rassied.) D'abord, le soir je réunis des amis et nous jouons aux cartes...

SCIPION.

A cet égard-là, je ne connais que la drogue!..

Mme PERRICHON.

Ou au loto...

SCIPION.

Jeu ravissant depuis que l'on a supprimé la loterie!..

Mme PERRICHON.

J'ai l'habitude de me coucher à neuf heures.

SCIPION.

Oh! diable!.. et moi qui aime le spectacle d'une manière épouvantable!

Mme PERRICHON.

Nous irons les dimanches!..

SCIPION.

Je préférerais tous les jours, car en fait de théâtre, j'ai des inclinations prononcées... (Il se lève.) Quand nous étions en Afrique, pour nous distraire un peu des coups de fusils des Maroquins d'Abdel-Kader, et autres insectes, nous nous permettions de jouer la tragédie sous nos tentes.

Mme PERRICHON.

Ah! ah!..

SCIPION.

C'était moi qui faisait les hommes bien mis, les héros! une fois, les camarades m'avaient emmailloté la tête d'un burnous et je m'étais obscurci le visage; dans cet état dramatique, je me mis à jouer OTHELLO, tragédie de toute beauté! c'était une vivandière qui faisait la princesse; au moment où je prends mon poignard, en lui disant avec l'organe d'un lion qui rugit, et un regard vitriolique:

Avant que le sommeil fermât votre paupière,
Avez-vous adressé votre prière à Dieu?

Voilà ma tragédienne qui se sauve dans les bras d'un chasseur, en criant que je vais l'assassiner!.. le bruit se répand au-dehors qu'un Algérien a voulu tuer une Française; on bat la générale, le colonel arrive avec trois commissaires, tout s'explique et nous finissons par nous rouler de rire pour conclusion de la tragédie, en buvant à la santé de la cantinière Hédelmone, qui s'appelait Zoé Bernicot.

(Il va s'asseoir sur le canapé, Mme Perrichon s'y assied aussi.)

Mme PERRICHON.

Oui, cela devait être amusant!.. mais je vous disais donc que j'ai pour habitude à neuf heures du soir...

SCIPION, l'interrompant.

Et les drames modernes!.. en avons-nous consommé là-bas!.. vrai, ça répandait la gaîté la plus vive dans tous les camps!

Mme PERRICHON.

Laissons là vos drames, et répondez-moi sur une question plus sérieuse. (D'un air tendre et s'approchant de lui.) Avez-vous eu beaucoup de passions amoureuses, à l'armée?

SCIPION.

Oui! des maîtresses?.. mais dam! cela dépendait des localités... à Alger, par exemple, il n'y avait pas moyen... les Bédouines sont si affreuses de visages, que le diable en donnerait sa démission; à Paris, on vous les fait voir chez les marchands de gravures, avec des teints de lys et de rose, mais là-bas ce n'est plus ça; elles ont la peau blanche comme l'Obélisque de Louqsor!..

Mme PERRICHON, se rapprochant de lui.

Et en Espagne?

SCIPION, s'asseyant sur le bras du canapé.

Oh! c'est un autre genre!.. Il y a là des grands yeux noirs et des cheveux idem, qui ne sont pas à faire reculer de frayeur!.. on s'y fait très bien... aussi mon cœur a reçu dans ces cantons, pas mal de coups de soleil je me plais à le confesser!..

(Il se lève et se met à cheval sur une chaise près du canapé.)

Mme PERRICHON.

Et vous n'en avez pas gardé quelques souvenirs?..

SCIPION.

Ma foi, non!.. mes amourettes sont restées de l'autre côté des Pyrénées, j'en ai fait cadeau aux camarades qui n'avaient pas leur congé de réforme; c'est l'usage entre militaires.

Mme PERRICHON.

Mais j'ai entendu bourdonner à mes oreilles, que depuis votre retour...

SCIPION.

Eh ben, qu'est-ce?

Mme PERRICHON.

Allons, soyez franc?..

SCIPION.

Oh! presque rien... une ou deux... ça n'a pas été à trois...

Mme PERRICHON.

C'est déjà bien gentil!

SCIPION.

Pas trop; après ça j'ai toujours eu une drôle de monomanie, moi; partout où j'ai voyagé, je n'ai jamais cherché à séduire que les maîtresses de mes ennemis; il m'était défendu de me battre, au régiment, sous prétexte que j'étais trop fort à ce jeu-là; or, quand j'avais une dispute avec n'importe qui, j'en demandais satisfaction à sa belle; je n'en manquais pas un et pas une... (Il se lève.)

Mme PERRICHON.

Et vous en faisiez-vous beaucoup d'ennemis?

SCIPION.

Tant que je pouvais!

Mme PERRICHON.

En avez-vous encore?

SCIPION.

Très peu.

Mme PERRICHON.

Il faudra vous raccomoder avec eux le plus tôt possible...

SCIPION.

C'est inutile; car aujourd'hui, j'ai affranchi mon cœur et coupé tous mes nœuds, pour ne plus songer qu'à vous à la vie et à la mort!..

Mme PERRICHON, se levant.

Ah! voilà le mot que j'attendais!.. mon ami, vous me charmez par votre franchise!.. Allez chez mon notaire, et dites-lui de vous remettre de ma part, le contrat que j'ai signé hier, il est à vous, je vous le donne.

SCIPION, à part.

Le contrat! (Haut.) Je vous obéis soudain, tendre amie!.. mais réfléchissez encore, n'aurez-vous point de regrets?..

Mme PERRICHON, avec abandon.

Non! non!.. allez et revenez vite!..

SCIPION.

Ça ne sera pas long!.. (La regardant avec tendresse en s'en allant.) Adieu! vous me reverrez bientôt, et toujours aussi sentimental qu'un Jupiter avec sa femme Proserpine!.. (Revenant.) Non! je me trompe, sa Pénélope!..

(Il sort.)

SCÈNE VII.

Mme PERRICHON, puis GOURDON.

Mme PERRICHON, regardant sortir Scipion

Qu'il est bien cet être-là, avec des cheveux en bandeau! Toutes les voisines en sèchent de jalousie! elles se moquent de moi, elles disent que je suis une vieille extravagante... mais je les attraperai bien, quand elles verront mon bonheur, et que je leur prouverai que mon mari est aussi rangé qu'il est sincère et délicat!

GOURDON, entrant par le fond.

Serviteur très humble à Mme Perrichon!

Mme PERRICHON, d'un ton sec.

Madame Courtois, monsieur le tailleur!

GOURDON, avec un sourire caustique.

Je n'aurais jamais osé vous donner ce nom-là!.. je ne suis pas méchant!

Mme PERRICHON.

A quelle occasion me rendez-vous une visite si matinale?.. est-ce encore pour me demander de l'argent que vous doit mon fils Eugène?..

GOURDON.

Nullement, madame, M. Eugène ne me doit plus rien; c'est autre chose qui m'amène chez vous...

Mme PERRICHON.

Et quoi donc?..

GOURDON, tirant un journal de sa poche.

Un article de journal que voilà.

Mme PERRICHON.

De journal?.. quel rapport puis-je avoir?..

GOURDON.

Vous allez l'apprendre, madame, si vous voulez me faire l'amitié de m'écouter. (Il lit.) « On assure qu'une arrestation importante a eue lieu hier, » dans le faubourg St-Martin; le nommé Scipion Courtois, qu'on dit être » un condamné politique évadé, vient d'être repris et transféré en prison. »

Mme PERRICHON.

Un condamné politique! mon mari!.. Scipion démentira lui-même cette calomnie ridicule; tout le quartier peut certifier qu'il n'a point été arrêté pour la politique...

GOURDON.

Je crois bien, puisqu'il n'a même pas été arrêté du tout!..

Mme PERRICHON.

Pour ça, vous vous trompez... on l'a véritablement emmené...

GOURDON.

C'est-à-dire que c'est lui qui s'est fait emmener!..

Mme PERRICHON.

M. Gourdon, est-ce que vous devenez fou?

GOURDON.

Non, madame, je suis sûr de ce que je dis. Cinq ou six de ses amis se sont déguisés en soldats...

Mme PERRICHON.

Par exemple!.. vous mentez avec une effronterie!..

GOURDON.

Je mens si peu, que j'ai prêté les uniformes moi-même...

Mme PERRICHON.

Prêté?..

GOURDON.

Ce qui fait que je viens les rechercher, parce que cette plaisanterie peut avoir des suites fâcheuses pour moi, si les journaux s'en mêlent...

Mme PERRICHON.

On m'aurait fait évanouir!..on m'aurait mise dans des transes mortelles, et tout ça pour rire à mes dépens!..

GOURDON.

Ces aventures-là arrivent souvent dans les mariages disproportionnés!

Mme PERRICHON, en colère.

Eh! disproportionné vous-même, vieux bancal!..

GOURDON, se regardant.

Madame, je ne l'ai jamais été! je suis très-bien pris dans ma taille...

Mme PERRICHON, avec agitation.

M. Gourdon, vous avez inventé cette histoire-là!.. vous êtes un émissaire des méchantes langues du faubourg, qui veulent me tourmenter!..

GOURDON.

Mme Perrichon, tout ce que je vous ai dit est vrai; faites venir votre mari...

Mme PERRICHON.

Il est sorti!..

GOURDON.

Alors, je l'attendrai pour ravoir mes habits!

SCÈNE VII.

LES MÊMES, BALOUFEAU; il entre en ouvrant la porte avec fracas, il tient un gros bâton.

BALOUFEAU, avec insolence.

Le sieur Scipion, sans vous commander?

Mme PERRICHON, se levant avec inquiétude.

Que lui voulez-vous?..

BALOUFEAU, d'une voix forte.

Je veux le diviser en mille neuf cents morceaux!..

GOURDON, à part.

Diable!.. c'est beaucoup!..

Mme PERRICHON.

Pourquoi en voulez-vous à mon mari?.. qu'est-il arrivé?

BALOUFEAU.

Il est arrivé que votre homme nous a emporté cette nuit, de La Villette. .

GOURDON.

Il vous a emporté?..

Mme PERRICHON, vivement.

Quoi donc?..

BALOUFEAU.

Not' rosière!..

Mme PERRICHON.

Juste ciel!..

BALOUFEAU.

Il est venu avec un tas de bandits comme lui, ravager nos habitations et nos femmes!..

Mme PERRICHON.

Comment, lorsque je l'ai rencontré?..

BALOUFEAU.

Il était en train de commettre ses iniquités!

Mme PERRICHON, avec réflexion.

Suis-je ici la victime d'un complot infernal?.. ou Scipion est-il en effet le plus scélérat des trompeurs?..

BALOUFEAU.

Vous ne croyez pas?.. tenez, reconnaissez-vous ce portefeuille que v'là, avec votre portrait dedans?.. j' l'avons trouvé dans la maison de la rosière. oùs qu'il l'avait laissé glisser insensiblement.

Mme PERRICHON, prenant le portefeuille et regardant le portrait.

C'est bien mon visage! ô monstruosité!..

GOURDON, le regardant aussi.

Le verre est cassé... on a marché sur votre figure... on vous a même crevé un œil!..

Mme PERRICHON.

Je suis hors de moi!.. mais si on vient à savoir tout cela, je n'oserai plus me montrer!..

BALOUFEAU.

Sur ce, je veux qu'on me rende ma fiancée, et que l'enleveur vienne se découper avec moi, au tranchant de deux briquets de la garde nationale, que j'ai laissés en bas...

Mme PERRICHON.

Mon mari est absent.

BALOUFEAU.

Couleur que tout ça!.. je le veux, il me le faut, ou j'égruge la maison en mille miettes!

Mme PERRICHON.

Oh! je vous en conjure!.. point de bruit!.. Je ne refuse pas de vous aider à confondre l'homme qui me fait plus de mal qu'à vous!.. mais je crains le scandale; attendez-le tous deux dans ces cabinets, et quand il viendra, je vous avertirai...

BALOUFEAU.

Comme ça, je consens... surtout pas de tricherie!..

GOURDON.

Ni d'escamotage!.. que la tendresse conjugale ne vous égare pas!..

Mme PERRICHON.

Soyez tranquilles!.. une femme enlevée!.. je ne me connais plus!.. entrez, entrez: je l'attends de pied ferme!

GOURDON, qui a été à la porte de droite.

Il n'y a pas de clé?..

BALOUFEAU, qui est de l'autre côté.

C'est fermé aussi, par-là?..

(Ils secouent la porte; Barbe et Rosine sortent en même temps.)

SCÈNE IX.

Les Mêmes, BARBE et ROSINE.

GOURDON, reculant de surprise.

Ma nièce!..

BALOUFEAU, de même.

Ma Barbe!..

BALOUFEAU, GOURDON, Mme PERRICHON.

Air: Quelle aventure. Rossini.

Ah! quel scandale,
Pour la morale!
Deux femmes qu'il cachait ici!
Un jour de noce,
Quel tour atroce,
C'est un crime pour un mari!

GOURDON, à Rosine.

Eh! quoi, mademoiselle ma nièce!..

BALOUFEAU, à Barbe.

Vous v'là donc retrouvée, rosière égarée?..

ROSINE, à Gourdon.

Mon oncle, vous ne comprenez pas...

BARBE, à Baloufeau.

Qué que vous demandais, vous?.. je vous reconnaissons point!..

BALOUFEAU.

V'là du curieux, à présent!..

GOURDON, à Rosine.

Votre tante le saura!..

GOURDON et BALOUFEAU, ensemble.

C'est indigne, c'est affreux!..

BARBE et ROSINE, parlant ensemble.

Mais si nous ne pouvons pas nous expliquer...

Mme PERRICHON, les interrompant tous.

Silence!.. laissez-moi les interroger!.. (A Rosine.) Comment vous trouvez-vous dans ce cabinet, mademoiselle?

ROSINE, baissant les yeux.

Par ordre de M. Scipion!..

Mme PERRICHON, à Barbe.

Et vous, qui est-ce qui vous y a fait entrer?..

BARBE.

C'est itou M. Pion.

Mme PERRICHON, à Rosine.

Je dois croire que vous avez été séduite?

ROSINE.

Hélas, madame, je suis forcée de l'avouer!..

Mme PERRICHON, à Barbe.

Quand il a voulu vous enlever et vous conduire à Paris...

BARBE.

Dans un coucou.

Mme PERRICHON.

Vous n'avez donc pas résisté?..

BARBE.

Résister!.. ah! ben ouiche!.. j'en étions trop énamourée pour ça...

BALOUFEAU.

Elle l'aimait!.. (A Mme Perrichon.) Vous voyez, à c'te heure, que tout ça est clair comme de l'ieau d'Arcueil... Mlle Barbe, vous allez quitter ce local et vous en retourner...

BARBE.

Ouais?.. je n'entendons point ça du tout...

BALOUFEAU.

De quoi?.. vous auriez l'abomination...

BARBE.

Je voulons pus de vous.

BALOUFEAU, à Barbe.

Alors, vous me renvoyez, eh ben! je m'en vas!.. mais j'attendrai en bas, celui que je veux déraciner de fond en comble... qu'il se tienne bien; nous allons faire de la limaille!..

AIR du Méléagre Champenois.

Je suis caporal de la banlieue,
Je sais jouer du bancal en plain air,
J' verrons, malin, qui veux m' fair' la queue,
Lequel des deux mang'ra la lam' de fer. (Il sort furieux.)

SCÈNE X.

LES MÊMES, moins BALOUFEAU, et, peu après, MAGLOIRE.

BARBE.

Qui trotte où qui voudra, tiens!.. j'avons pus besoin de lui, n'est-ce pas, Mme Perrichon?..

Mme PERRICHON.

Taisez-vous, mademoiselle! vous devriez rougir jusqu'au fond de l'ame. (A Rosine.) Et vous aussi! (A Gourdon.) Ah! mon cher M. Gourdon, l'indignation a fini par épuiser ma colère!.. je suis anéantie, j'étouffe!..

GOURDON.

Vos connaissances vous le disaient bien, madame; ces mariages-là ne réussissent jamais, jamais!

Mme PERRICHON.

Et moi qui lui ai tout donné!

GOURDON.

Tout donné! mais vous êtes donc aliénée, Mme Perrichon!

Mme PERRICHON.

L'acte est chez le notaire... s'il était encore temps...

GOURDON.

Il faut y courir...

Mme PERRICHON.

Oui, vous avez raison... (Elle fait un mouvement vers la porte.)

MAGLOIRE, entrant avec désordre et arrêtant sa mère.

Maman! maman! un grand malheur!

TOUS.

Quoi donc?

MAGLOIRE.

Mon beau-père, en rentrant, a rencontré à la porte un homme qui l'a attaqué comme un furieux!

BARBE.

C'est Baloufeau!

MAGLOIRE.

Tiens, vous ici, Mlle Barbe?

Mme PERRICHON.

Ensuite?

MAGLOIRE.

Ils se battent au sabre.

Mme PERRICHON.

Où ça?

MAGLOIRE.

Dans le jardin! (Tout le monde court à la fenêtre.)

Mme PERRICHON.

Eh! voilà les suites... pourvu qu'il ne lui arrive rien... je le déteste, je voudrais qu'il fût mort... mais pourtant je l'aime trop, pour le voir blessé.

GOURDON.

Ah! il y en a un de touché.

Mme PERRICHON.

Lequel?

BARBE.

On ne sait point.

GOURDON.

Le faubourien s'est jeté sur son adversaire comme un furieux.

ROSINE.

M. Scipion le ménageait, il ne faisait que parer les coups.

Mme PERRICHON, allant vers la fenêtre.

Mais, enfin, ne peut-on me dire...

MAGLOIRE, la ramenant.

Éloignez-vous, maman! éloignez-vous!..

Mme PERRICHON.

Non! je veux savoir lequel des deux est blessé!

SCENE XI.

LES MÊMES, SCIPION, soutenu par EUGENE, paraissant au fond.

SCIPION, pâle et le bras en écharpe.

C'est moi!

Mme PERRICHON.

Vous!

SCIPION.

C'est un coup de maladroit, auquel je ne m'attendais pas... cependant, calmez-vous, je n'ai pas le projet d'en mourir! (Bas à Eugène.) Une égratignure, dont je saurai tirer parti!

Mme PERRICHON.

Ah! tant mieux! car si vous aviez payé de votre existence, toutes les fautes graves que vous avez à vous reprocher depuis hier, j'aurais été forcée de vous les pardonner, et ce n'est pas mon intention, monsieur...

SCIPION.

A quel propos me dites-vous cela, madame?

Mme PERRICHON.

J'aurais pu excuser votre déguisement, et les folies que vous avez faites cette nuit...

SCIPION.

Vrai? alors, ça suffit, j'en prends acte.

Mme PERRICHON.

Mais le premier jour de mes noces, chercher à me donner un ridicule public! m'outrager au point de...

SCIPION.

Au point de quoi?

Mme PERRICHON.

Au point d'amener deux femmes chez moi... voilà ce que je ne pardonnerai jamais!

SCIPION.

Deux femmes? c'est une calomnie!

Mme PERRICHON.

Une calomnie? les voilà! (Elle montre Barbe et Rosine.)

SCIPION, les regardant.

En effet! je vois que nos secrets sont éventés, et que c'est moi qui en porte le péché; ceci me force de participer à ma justification. Avant de me reprocher des zigs-zags dans ma conduite, prenons une lunette d'approche pour voir si vous avez toujours marché droit, chère épouse! d'abord, vous m'avez pris à la volée sans préjugé, et sans informations; j'étais raffalé comme un matelot vénitien, pas le sou dans mon gousset, mais de la pénurie en gros et en détail, ça ne vous a pas arrêtée; vous me vouliez à tout prix pour mari, je me suis laissé faire votre bonheur? c'était fort doux, et je n'avais pas le droit de crier... à la garde; cependant, vous aviez des enfans qui vous chérissaient, et pour lesquels vous n'étouffiez pas d'amitié...

Mme PERRICHON.

Je ne les aimais pas?

SCIPION.

Vous les aimiez tout doucement, au moins, puisque vous leur laissiez sur le corps des dettes on ne peut pas plus criardes...

EUGÈNE.

Scipion! vous oubliez que nous sommes présens... ménagez ma mère, devant nous...

SCIPION.

Bien! Eugène, ceci vous honore, mais ça ne doit point m'empêcher de défiler mon discours moral. (A Mme Perrichon.) Vos deux fils, ci-dessus nommés, vous gênaient, vous imaginez de les faire changer d'air, en leur donnant une feuille de route pour les Antilles septentrionales.

Mme PERRICHON.

Ils auraient pu s'y enrichir!

SCIPION.

Mais ce n'est pas encore tout... au lieu de vous informer de la situation de leurs cœurs enflammés, vous les deshéritez très agréablement.

Mme PERRICHON.

Ah! si j'avais su!..

SCIPION, tirant un contrat de sa poche.

Voilà le contrat! le notaire me l'a délivré de votre part; je suis propriétaire de votre bien, tout ce qui se trouve ici est à moi, à perpétuité!

ROSINE, bas à Eugène.

Que vous disais-je? vous êtes perdu!

Mme PERRICHON, à part.

Ah! qu'ai-je fait! (Haut.) Ainsi, vous osez me reprocher jusqu'à mes bienfaits?

SCIPION.

Oui, sans doute? car si je veux pousser le genre comique au-delà de toute expression, qu'est-ce qui m'empêche de profiter de la position orientale où vous m'avez placé? Eh bien! madame, c'est aussi ce que je vas faire pour qu'on me connaisse sous toutes mes faces. (A Eugène et Magloire.) Mes amis, hier, vous étiez vaincus devant votre mère, vous n'aviez pas même le simple toupet de lui parler des objets de vos amours...

Mme PERRICHON, regardant ses fils.

Quoi! ce serait pour eux...

SCIPION.

Alors, c'est moi qui les ai fait venir dans ce local; on voulait vous envoyer ceuillir des cocos à la Martinique? c'est moi, aussi, qui vous déclare que vous resterez avec nous; enfin, on vous avait deshérités? (Il fouille dans sa poche et en tire un second contrat.) Et c'est moi encore qui se glorifie de vous remettre ce papier que je viens de signer, pour vous assurer dès aujourd'hui, la moitié de ma fortune.

MAGLOIRE.

La moitié? n'ai-je pas la berlue?

EUGÈNE, prenant le contrat et serrant la main de Scipion.

Ah! mon ami! mon père!

SCIPION, les serrant tous deux contre lui.

Oui, votre père! je vous en servirai toute la vie, mes bons camarades, et ici comme à l'armée, je serai toujours un fidèle remplaçant.

Mme PERRICHON.

Ah! tant de générosité...

SCIPION, gaîment.

Générosité? pourquoi donc? je ne suis tout simplement qu'un ex-mauvais sujet, qui est resté bon enfant. Je partage le butin après la bataille.

EUGÈNE, bas à Rosine.

Vous voyez, Rosine?

ROSINE.

J'étais bien injuste!

Mme PERRICHON.

La leçon que j'ai reçue est assez forte; je m'en souviendrai!

SCIPION, à Rosine et à Barbe.

Ah ça! il est bien convenu mesdemoiselles que demain nous affichons quatre noms chéris, à la mairie du 6e.

GOURDON.

Ma sœur n'y mettra point d'obstacle.

BARBE.

Ni moi aussi, brave homme que vous êtes...

MAGLOIRE.

Cette fois, nous valserons comme des insensés!

SCIPION, réunissant tout le monde autour de lui.

Nous vivrons tous en famille, sous la même tente et du même fricot; passé aujourd'hui, on ne fera plus de morale, c'est trop emblématique; on aimera bien sa maman, on ne détestera pas trop son papa, et de temps en temps on ira encore s'amuser... (Bas à Eugène.) en cachette de ses femmes; (Haut.) enfin, on mènera une vie pétillante, animée d'amour, de boléros espagnols, de cigarres de la Havane, et de vin de Champagne! voilà mon programme, qui m'aime le suive.

Mme PERRICHON.

Scipion, vous êtes toujours un homme charmant!.. votre blessure sera-t-elle long-temps à guérir, mon ami?

SCIPION.

Environ quinze jours... et quinze nuits...

CHOEUR GÉNÉRAL.

AIR : Allez servir la pratique.

Après un jour de folie
Que le plaisir a payé;
Serrons le nœud qui nous lie,
Par l'amour et l'amitié.

AIR du Vaudeville de Fanchon

GOURDON, indiquant Scipion

Votre tâche est remplie,

Mme PERRICHON.

Vous fixez pour la vie,

SCIPION.

Le bonheur parmi nous !

ROSINE.

De cette noble tâche,

EUGÈNE.

Si des gens se montrent jaloux,

BARBE.

Et si quelqu'un se fâche,

MAGLOIRE, montrant Scipion.

Il nous défendra tous.

REPRISE.

Après un jour de festin, etc.

FIN.

www.ingramcontent.com/pod-product-compliance
Lightning Source LLC
LaVergne TN
LVHW012013160826
845678LV00002B/816

* 9 7 8 2 3 2 9 6 6 8 6 1 1 *